劳动者权利及其法律保护探索

杨敬辉◎著

吉林大学出版社
·长春·

图书在版编目（CIP）数据

劳动者权利及其法律保护探索 / 杨敬辉著 . -- 长春：吉林大学出版社，2024.9. -- ISBN 978-7-5768-4096-4

Ⅰ . D922.504

中国国家版本馆 CIP 数据核字第 202495EN30 号

书　　　名	劳动者权利及其法律保护探索
作　　　者	杨敬辉　著
策 划 编 辑	殷丽爽
责 任 编 辑	张宏亮
责 任 校 对	安　萌
装 帧 设 计	守正文化
出 版 发 行	吉林大学出版社
社　　　址	长春市人民大街 4059 号
邮 政 编 码	130021
发 行 电 话	0431-89580036/58
网　　　址	http：//www.jlup.com.cn
电 子 邮 箱	jldxcbs@sina.com
印　　　刷	天津和萱印刷有限公司
开　　　本	787mm×1092mm　1/16
印　　　张	11.5
字　　　数	200 千字
版　　　次	2025 年 3 月　第 1 版
印　　　次	2025 年 3 月　第 1 次
书　　　号	ISBN 978-7-5768-4096-4
定　　　价	72.00 元

版权所有　　翻印必究

前　言

随着社会的不断发展和生产技术的不断进步,"生而为人,并非工具"的人权理念逐渐抽象形成权利概念。权利的概念在人文社会科学领域具有复杂性,在学术界也衍生出了多种解释和理解。权利的概念无论是在抽象层面还是在规范层面,都涵盖了如无法剥夺的自主权和自由支配权等关键属性,这些属性是根据权利的结构和内容而划分的。

从法律的角度研究劳动权。在日本的法律中,劳动权被分解为不同的要素,涉及了工资、工作时间、休息等方面,以确保可以维护劳动过程中的客观条件。在我国,多数学者认为,随着市场经济的发展,具备一定工作能力的公民应该有权自由劳动并获得相应报酬。

从学理角度分析劳动权。我们可以从以下三个方面来解读:一是将劳动权利理解为"劳动的权利",即以劳动为基础,更准确地表达就业权利;二是将劳动权利理解为"劳动者的权利",把劳动者置于中心位置,包含了所有权利范畴,是约定权利和法定权利的汇总;三是将劳动权利理解为"劳动者们的权利",侧重于社会性质和人权保障,强调集体组织的特点。

健全的法治环境既包括立法这个硬环境,还包括广大公民守法、用法这个软环境。一部法律制定得再先进、再完善,如果不被广大公民了解和运用,就无法发挥其应有的效能。而公民守法、用法的前提是学法、知法、懂法,因此,建设社会主义法治国家的首要任务是让广大公民了解法律、懂得法律,提高公民的法律意识。同时,公民法律意识的提高又会极大地促进法律的制定、公正执法及法律的一体遵行。所以,深入开展普法教育,提高公民法律意识,有着深远的意义。

本书一共分为五章。第一章为劳动关系的基本认识，主要介绍了劳动关系概述、劳动关系的本质、政府与劳动关系。第二章为劳动者的权利及其相关研究，主要介绍了劳动者的主体地位、劳动者的权利和义务、劳动者社会保障权。第三章为劳动合同管理，主要介绍了劳动合同的订立、劳动合同的履行与变更、劳动合同的解除与终止。第四章为劳动者的法律保护，主要介绍了劳动法基本原则及劳动政策分析、工会法与职工民主参与分析、工资法分析、社会保险法分析。第五章为劳动关系的制度维护，主要介绍了劳动争议处理制度、劳动监察制度。

在撰写本书的过程中，笔者参考了大量的学术文献，得到了许多专家学者的帮助，在此表示真诚感谢。由于笔者水平有限，书中难免有疏漏之处，希望广大同行及时指正。

作者

2024 年 5 月

目 录

第一章 劳动关系的基本认识 ... 1
    第一节 劳动关系概述 ... 1
    第二节 劳动关系的本质 ... 9
    第三节 政府与劳动关系 ... 21

第二章 劳动者的权利及其相关研究 ... 29
    第一节 劳动者的主体地位 ... 29
    第二节 劳动者的权利和义务 ... 35
    第三节 劳动者社会保障权 ... 56

第三章 劳动合同管理 ... 65
    第一节 劳动合同的订立 ... 65
    第二节 劳动合同的履行与变更 ... 74
    第三节 劳动合同的解除与终止 ... 85

第四章 劳动者的法律保护 ... 105
    第一节 劳动法基本原则及劳动政策分析 ... 105
    第二节 工会法与职工民主参与分析 ... 111
    第三节 工资法分析 ... 120
    第四节 社会保险法分析 ... 129

第五章　劳动关系的制度维护 …………………………………………… 137
　　第一节　劳动争议处理制度 ………………………………………… 137
　　第二节　劳动监察制度 ……………………………………………… 157

参考文献 …………………………………………………………………… 175

第一章 劳动关系的基本认识

人类的生产和发展与劳动密不可分，劳动造就了今天的人类社会。劳动关系是指在工作过程中建立起来的雇员和雇主之间的社会经济关系。劳动关系是社会经济关系的重要组成部分。本章主要介绍了劳动关系概述、劳动关系的本质、政府与劳动关系。

第一节 劳动关系概述

一、劳动关系及其特征

在社会历史的发展过程中，随着生产方式的演变，生产组织形式也不断变迁。其中，劳动者与劳动力使用者之间的关系也在不断调整、变化，描述这个关系的概念及其内涵和外延也在不断变化。从我国的情况看，人们习惯将劳动者与劳动力使用者之间的关系称为劳动关系。

（一）劳动关系的定义

劳动关系是指在社会生产活动中，劳动力的雇主和劳动者之间的关系。在英语中，劳动关系通常指的是雇员和雇主之间在工作过程中产生的社会经济关系。因为人们对劳动力提供者和劳动力使用者的称呼不同，因此对特定劳动关系的社会经济性质、特点的理解和表达可能会有差异，因此劳动关系也可以被称为"劳资关系""产业关系""雇佣关系""劳工关系""劳使关系"等。

"劳资关系"表明的是劳动者与资本之间的关系，也是劳动关系最传统的称谓，体现的是雇佣工人与资本所有者之间的关系。在资本主义发展初期，生产组织中的管理者就是资本所有者，即"资本家"，劳动者就是指雇佣工人。资方、劳方界限分明，劳动关系主体明确、关系清晰。传统劳资关系中，资方、劳方是绝对分离的，因此劳资关系所表明的社会经济内涵中蕴含劳资冲突与对抗的意味。随着社会化大生产方式的发展，社会的生产组织形式也不断变迁，现代企业制度逐步建立。在当代，资本所有者与生产组织中的管理者逐渐分离，部分雇佣工人也因持有公司的"股票"而变成了资本"所有者"。劳资关系所表明的社会经济内涵发生了很大的变化。

"产业关系"又称"工业关系"或"劳动—管理"关系，是对以社会化大生产为基本特征的现代资本主义生产过程中的劳动关系的新指称。其狭义上等同于劳资关系，即劳动者与资本家之间的关系。广义上则泛指产业及社会管理中的管理者与受雇者之间的关系。产业关系涉及的主体不仅包括普通劳资关系中的劳资双方，而且还包括社会的管理者，即政府。当代西方国家普遍使用这个概念。

"雇佣关系"也称劳雇关系，侧重于说明雇主与受雇者之间建立在特定法律关系基础上的雇佣关系，强调的是雇主与受雇者之间的权利义务结构。而且，雇佣关系通常是指雇主与受雇者之间的个别性质的劳动关系，一般不包括集体的劳动关系。

"劳工关系"是海外华人学者经常使用的概念，它以劳工为重点和核心，突出劳工及其团体，如工会的作用，强调劳工团体与雇主之间的互动过程，如集体谈判。

"劳使关系"的概念源于日本，指劳动者与劳动力使用者之间的经济社会关系。这个概念比劳资关系、雇佣关系更加中性、温和，在一定程度上削弱了劳资关系、雇佣关系概念中主体之间的对抗和冲突性。

（二）劳动关系的主体

1. 管理方与雇主协会

在一定范围内，管理方是指企业中负责决策、监督和指导员工完成工作任务的各级管理人员。从广义角度看，管理方包括了企业内的各个层级的管理者和多样化的雇主组织。

雇主协会是一个由雇主组成的团体，旨在代表和维护雇主的权益，一般会通过谈判和协商等方式来处理雇主与员工之间的关系。

2. 雇员与工会

雇员是指在事业单位、企业、政府部门、非营利组织和个体经营等单位和组织中从事有组织的工作的人员，也被称为劳动者。

《中华人民共和国工会法》规定，工会是中国共产党领导的职工自愿结合的工人阶级群众组织。工会组织和教育职工依照宪法和法律的规定行使民主权利，发挥国家主人翁的作用，参与管理国家事务、管理经济和文化事业、管理社会事务；协助人民政府开展工作，维护工人阶级领导的、以工农联盟为基础的人民民主专政的社会主义国家政权。

3. 政府

作为广义劳动关系的主体，政府在劳动关系中的地位和作用举足轻重。在不同国家或同一国家的不同发展时期，政府对劳动关系的管理职责、管理力度、管理侧重点及管理方式都有差异。政府要想更好地发挥其自身在劳动关系中的作用，就必须正确界定其在劳动关系中的角色，全面了解自身管理劳动关系的范围、方式，并不断结合劳动关系的变化，适时调整劳动关系管理策略。

（三）劳动关系的特征

劳动关系的特征可以概括为以下几个方面。

1. 平等性与隶属性

劳动关系主体双方在法律面前享有平等的权利，劳动者向用人单位提供劳动服务，用人单位向劳动者支付劳动报酬，双方在平等自愿的基础上建立劳动关系。在劳动法律法规中，劳动者与企业的权利义务也是并列的。在正常合理、双方未受到胁迫的情况下，劳动合同的签订与执行在法律上具有平等性。用人单位作为劳动力使用者，要安排劳动者在组织内和生产资料结合；而劳动者则要运用自身的劳动能力，完成用人单位交给的各项生产任务，并遵守单位内部的规章制度，双方形成管理与被管理、指挥与服从的隶属关系。

2. 依赖性与冲突性

劳动者通过让渡劳动力的使用权从用人单位获得相应的薪酬福利，因此用人单位需要将劳动者的劳务转换成产品与服务，以满足顾客的需求，创造经济效益，因而劳资双方在经济上具有相互依赖性。随着劳动关系主体的明晰，劳资双方的权益冲突加剧，特别是雇主追逐利润和劳动者要求提高劳动报酬的矛盾非常突出。劳动者希望能以较少的劳务换取更高的薪酬福利，而企业为了创造更大的经济效益与利润，竭尽所能降低劳动成本，使利润最大化。因此，经济利益之争成为劳资冲突频发的主要原因。基于劳资双方实力上的差异，以及劳动力市场供大于求的局面，企业常常是劳资冲突中占据优势的一方。所以，劳资双方在管理上具有冲突性。

3. 实力的差异性

由于劳资双方的地位不同，其所拥有和可行使的权力的程度也有相当大的差异。权力是劳资关系中的基本要素，对劳资关系有重大的影响。随着科技发展、产品更新，社会对劳动者的技能要求在不断提高，因而一些年龄偏大、技能水平较低的职工大量下岗、失业。通过对转型时期中国企业劳动关系的情况进行分析，我们可以观察到：那些缺乏专业技能和文化修养的劳动者，包括下岗失业者和农民工等，在与资本合作时通常处于不利地位，难以进行有效的对抗。在实际情况中，企业的财务实力是劳资矛盾中至关重要的影响因素。个别员工几乎无法利用财务优势与雇主在法律和管理方面抗衡，因此唯一的应对方式就是团结多数员工与雇主对抗。

4. 冲突的影响性

劳资冲突的影响并非局限于企业内部，还常常波及劳动者家属、消费者、社会大众，加之劳动者群体较为庞大，劳资冲突的议题常常会发展为社会重大问题。同时，随着经济发展的全球化趋势，劳资冲突的影响范围也呈现出国际化趋势。

5. 互动的复杂性

就个体而言，其需求和潜力会随着年龄的增长、知识的增加、地位的改变、环境的改变以及人与人之间关系的改变而不断变化；就群体而言，人与人、群体与群体之间也是有差异的。因此，个人之间、集体劳动者之间、集体劳动者与企业之间的互动关系，其复杂程度常常超出一般人的想象。劳动者、企业与政府不能低估劳资互动的复杂性。

二、劳动关系的外部环境

（一）影响劳动关系的环境因素

影响劳动关系的因素除了就业组织内部的因素，还有很多环境因素，这些因素统称为劳动关系的外部环境。我们可以把影响劳动关系的环境因素归纳为四个方面：政治法律环境、经济环境、社会文化环境、技术环境。

1. 政治法律环境

政治法律环境对劳动关系起着至关重要的外部影响作用。政治法律环境主要包括整体政治情况、立法和司法状况等，涵盖了政治制度、党派互动、法规法律和国家产业政策等方面。政治法律环境是由不同政治势力的作用和其他影响因素共同塑造而成的。政治格局的形成源于不同政治力量之间的竞争。因此，政治法律环境很大程度上受执政党的意识形态和作风的影响。政府可以通过财政政策、货币政策、就业政策、教育和培训政策及其他政策来塑造劳动关系运行的整体环境。

在制定不同政策时，就业政策会直接影响劳动力市场和劳动关系。通常情况下，人们会通过调节工作需求和供给来达到平衡劳动市场的目的，同时通过经济奖惩来管理雇主和雇员之间的关系；货币和财政政策会对各个企业的劳工关系产生影响，它具体取决于整体经济状况。此外，通过调整资本价格，还能够调节资本与劳动价格之间的比例，从而影响企业的雇佣策略和劳动关系；教育和培训政策会对个人在提升自身知识技能水平方面做出的选择产生巨大的影响，它可以鼓励人们提升技能和知识水平，从而影响劳动力市场的供需状况，以及企业在资本和劳动力比例上的决策。这意味着教育和培训政策可以对劳动关系产生影响。

劳动关系可以被视为雇主和雇员之间在法律框架内建立的权利和责任的相互关系，是受法律调整的利益交换关系。法律和制度旨在规范雇主和雇员的行为，明确他们的权利和责任，通常是长期有效的。《中华人民共和国劳动法》（以下简称《劳动法》）明确规定了集体谈判中双方的权利和责任，旨在确保工人在工资、健康和安全等方面至少得到最低标准的待遇。雇主必须依法承认工会的存在，并与工会就集体谈判议题进行协商。这项外部法规的实施使得工会代表在谈判中拥有了更大的发言权，进而影响了工会会员的薪资和工作条件。作为一个重要的社会成员，企业在日常经营中有责任遵守国家法律。这表示法律对企业内部的劳动关系活动可以进行规范和约束。

维护劳动关系的法律框架是一个涉及多方面、多层次的复杂结构。有一些规则是确定权利和责任的实体规则，同时还有另一些规则是为了实现这些权利和责任而设立的程序规则。各种不同级别的规则包含了宪法和重要法律这种最高级别的规则、普通法律这种次级别规则，以及行政规定这种较低级别规则。这些规定和根据规定设立的机构共同构成了一个错综复杂的法律体系。根据要求，该体系应该是完整的、统一的、具有高效性的。然而在实践过程中，这一体系通常会面对许多难题和挑战，尤其是在那些正经历经济和政治变革的国家中，该体系所面临的问题会更加显著。

在市场经济中，政府通过建立完善的法律制度来管理劳动关系，以保障劳动者的权益。法律和制度是政府用来管理劳动关系的主要手段。

2. 经济环境

经济环境通常包括宏观经济条件（如经济增长率和就业率）和有关微观经济形势的信息（如在某种产品市场上雇主所遇到的竞争情况）。

经济状况能够使雇主和员工之间的力量达到平衡。一方面，劳动力市场的变化可能会对经济环境产生影响，进而直接影响双方在劳动力市场上的竞争状况。此外，厂商也会受到要素市场的影响，这会影响雇主的生产方式和员工的消费方式，进而对双方的成本效益产生影响，并导致各种关系发生改变。另一方面，突发事件所带来的经济影响及定期出现的经济周期都会对雇主和雇员之间的劳动关系调整机制产生影响。经济震荡会导致产出急速减少，各家公司将根据他们对未来的看法采取不同的员工管理战略。随着经济形势的波动，就业机构可能会调整内部结构来适应不同的经济状况。通常情况下，当经济景气时，员工会拥有更多谈判力，从而使管理层做出更多让步；在经济不景气时，管理层的弹性有限，雇员相对较弱势，在谈判和冲突中处于更加不利的位置。

经济状况通常会先对劳动者的薪酬、就业机会、职业选择、工会活动和劳工运动产生影响，然后，其影响会延伸至产品生产、职位设置和工作流程等领域，最终可能在一定程度上改变整体的劳动关系。

3. 社会文化环境

社会文化环境可以分为个人、群体和社会整体三个层面。工作者所处的具体社会文化环境，也被称为工作集体的文化背景。从个人的层面看，技术、操作过程、同事和领导的互动会显著影响劳动者的价值观、态度和工作积极性。从群体的层面看，中观的社会文化环境是指特定的职场或组织的文化氛围，重点在于内部文化的影响。从社会整体的层面看，丰富而悠久的社会文化底蕴中包含了独具特色的社会制度、社会结构、社会风俗和社会规范。

劳动关系的社会文化环境会受到社会发展的公平程度、社会价值观的变化，以及人际关系的变迁等因素的影响。社会发展的公平程度直接或间接地影响着劳动关系的格局，还会影响劳动者和雇主之间的关系，并影响劳动关系的和谐度。社会阶层的变化和调整是劳资关系发展的必然结果，雇主和员工作为关键参与者也需要在社会结构的变迁中重新定位自己。在这个过程中，应特别关注劳动者，尤其是产业工人社会地位的下降和社会权利的缺乏，这已经成为影响劳动关系和社会和谐的重要社会问题。

社会文化环境是由各地区和国家及不同行业中存在的传统风俗、价值观和信仰等共同组成的。如果社会更加重视工会的角色和积极贡献，政府和企业或许会更积极地支持工会，这有助于扩大工会的影响力。文化的影响力具有弥漫性，它通常会通过社会舆论和媒体悄无声息地产生作用，对于不遵守社会文化规范的人和团体来说，虽然他们可能不会受到法律的严厉制裁，但文化的影响力却是不可忽视的。

4. 技术环境

技术变革一向被视为影响劳动关系发展的重要因素之一。"自20世纪70年代以来，新技术对工作环境的冲击非常巨大，而且这种冲击正在以一种日益增加的速度发展。"① 随着技术环境的变化，其对劳动关系发展的影响主要表现在两方面：一方面，技术的进步不仅可以使生产率提高，促进生产力的发展和社会文明的进步，而且会使得就业岗位对技术的要求提高，对技术人员的依赖性增强，从而使劳动力市场对技术人才的需求量上升，技术人才在劳动关系中的优势更大，如IT产业和汽车生产商；另一方面，技术的变革会给社会，特别是工人阶级带来新的矛盾和问题，即传统产业对劳动力的需求下降，体力劳动者失业率增加。

（二）全球化背景下劳动关系环境变迁的主要趋势

第二次世界大战以后，随着交通和信息技术的飞速发展，全球的社会、经济和文化格局经历了巨大的变革，这种变革的速度和幅度超过了历史上过去数百年的变化。造成社会、经济与文化结构发生巨大变化的原因有以下4点。

1. 国际化、自由化与全球化

在第二次世界大战结束后，交通和信息技术的迅速发展，尤其是信息和通信技术的进步，导致社会、经济和文化结构产生了巨大的改变。交通和信息技术的发展降低了交通成本，提高了信息传输的速度，使资本、技术和劳动力能够更快速、更经济地自由流动到全球各地。促进了全球经济朝着更自由、更国际化的方向发展，加速了生产在全球范围内的专业化分工。各国企业需要积极参与激烈的国际市场竞争才能生存和实现增长。

2. 中产阶级的兴起与产品需求的多元化

在第二次世界大战结束后，各国开始加快经济增长步伐，努力推动中产阶级的形成。他们不再局限于满足基本需求，还渴望更丰富多彩的生活体验。为了在市场上获得竞争优势并取得成功，企业需要生产多样化和定制化的产品，以满足中产阶级各种不同的个性需求。

3. ICT的发展，促使产业结构的合理化

ICT即信息（Information）、通信（Communications）、技术（Technology）的简称，是信息技术与通信技术融合而形成的一个新概念。制造业和服务业正逐渐融为一体，制造业不再只注重低成本生产，而是开始关注顾客的满意度，努力满

---

① 菲利普·李维斯，阿德里安·桑希尔，马克·桑得斯.雇员关系：解析雇佣关系[M].高嘉勇，译.沈阳：东北财经大学出版社，2005：33.

足顾客的需求。随着 ICT 的不断进步，我们发现实体产品的重要程度逐渐降低，与此同时，无形资产的价值不断提升，比如企业咨询、工程服务和投资咨询等。

4.政治民主化与放松法律规制

随着经济的增长，受过教育和薪资较高的人群开始呼吁实现国家政治民主化。民主化的政治氛围可能会促进企业内部民主化的发展，并对企业的运营管理、劳资关系和人事管理产生重大影响。为了增加企业在国际市场上的竞争力，各国开始修改现行法律、简化规定并提高规定的灵活性，以提升企业管理的适应性和灵活性。

第二节 劳动关系的本质

广义的劳动关系是指在就业机构中因雇佣而形成的人们为从事社会劳动而建立起来的关系。狭义的劳动关系是指雇佣者和雇员之间在雇佣过程中建立的相互关系。

劳动关系是围绕劳动力使用者与劳动者的雇佣和被雇佣关系展开的，它主要包括三个方面的内容。

第一，从业关系，涉及劳动者的招聘、雇用、培训和工作分配等方面。

第二，劳动组合关系，涉及对员工的组织和管理、职责分配和考核、纪律管理和奖励制度等方面。

第三，劳动者的利益分配关系，包括他们所获得的报酬和收入、工作条件和保护，以及享受的社会保障等方面。在这个过程中，劳动者的薪酬分配问题是所有劳动关系的核心。

劳动关系被认为具有合作与竞争的双重特性。一方面，工作者和雇主之间建立了相互依赖的工作关系，必须共同合作。另一方面，双方的利益存在着矛盾，特别是在涉及工资和企业利润的最大化问题上存在一定冲突，这也是导致劳资冲突的关键原因。这两个方面既有联系又有矛盾，并且在特定条件下可以相互转化。因此，我们必须从这两个方面全面了解和研究劳动关系。

一、冲突和产业行动

（一）冲突的根源

劳动关系主体之间发生冲突是很常见的。劳动冲突是指劳资双方在利益、目标和期望上发生显著分歧，并可能陷入对立的状态。导致冲突的原因包括异化劳动的合法化、客观的利益差异、雇佣关系的性质、劳动合同的性质、心理契约的不履行，以及劳动力市场状况等各种社会因素。

1. 异化劳动的合法化

马克思及古典政治经济学都认为劳动者的劳动产品应当属于劳动者，私有制中的劳动实际上已经变成一种异化劳动。这种异化按照马克思的话说就是："劳动的这种现实化表现为劳动者的非现实化，对象化表现为对象的丧失和为对象所奴役，占有表现为异化、外化。"[①] 马克思站在历史唯物主义的高度，联系整个人类发展进程考察了劳动的异化，揭示出异化劳动的历史必然性和它作为历史存在的合理性。马克思认为，异化劳动是生产力不发达的产物，异化劳动是人类劳动在自身发展中必然要经历的历史过程。

市场经济在当前的世界经济中占主要地位，市场经济体制是以财产私有为制度基础的，多数国家的经济以私有经济为主。亚当·斯密在18世纪将英国描述成"业主的国家"，他认为这样的国家存在的主要规律就是，当人民为自己而不是为他人工作时，就会更加努力，这成了市场经济的理论基础。可问题在于，大多数工人并不是在为自己工作，他们在法律上既不拥有生产资料、生产成品，也不拥有生产收益，同时也不能控制生产过程。这样就从法律上造成了劳动者与这些生产特征的分离。在这种情况下，工人可能会接受这种工作安排，并尽全力从事工作，以确保自己的职位稳固。然而，工人也可能展现出缺乏工作动力的状态，因为他们无法享有他们生产的资料、产品和利润。

在这种情况下，尽管工人付出了辛苦劳动，却无法获得最终成果，这种劳动异化不可避免地会导致工人与雇主之间的矛盾，成为私有制经济中无法解决的潜

[①] 中国社会科学院文学研究所. 马克思哲学美学思想论集：纪念马克思逝世一百周年[M]. 济南：山东人民出版社，1982：93.

在冲突来源。

2. 客观的利益差异

客观的利益差异是存在于劳动关系双方目标利益之间的差异。

一方面，市场经济是私有性的竞争经济，雇主的目标是实现企业利润最大化。为了实现企业的这一目标，除了提高工人的工作效率、优化企业工作流程，雇主也常采用压低工资、减少福利、超负荷使用劳动力等方法降低企业的生产成本，以此实现自身利润最大化。这一思想在马克思的著作中同样有所体现。马克思认为，所有的价值都是由生产性劳动创造的，这适用于所有类型的经济组织。如果雇主按照员工提供的价值支付工资，那么利润将减少，投资方可能丧失投资动力，最终可能导致经济崩溃。资本主义的运作机制在于利用过剩的劳动力将工人置于劣势地位，并支付低于他们劳动价值的工资，实现对他们的剥削。

另一方面，被雇佣者的利益在于追求工资福利的最大化，以及在保住工作的前提下尽量减少工作投入。这种根本的利益冲突由双方的地位所决定，冲突的程度取决于雇主追求利润最大化的程度和他们各自采取的策略。但是，无论这种矛盾如何缓和，它始终还存在于劳动关系双方之间，在一定的条件下，这种矛盾的利益关系会被激化，从而上升为双方的冲突。

3. 雇佣关系的性质

雇佣关系的性质使劳动者处于从属地位，而管理者处于主导地位，并且管理者的权力在组织中按等级分层。在没有法律特别规定的情况下，员工没有权利选举组织中的直接管理者或更高职位的人，也没有权利改变企业的决策。虽然雇员拥有退出企业和罢工的权力，但这种方式并不能完全改变管理者的行为。劳动者不愿意处于从属地位。同时，这种权利的分布并不利于雇员的利益，而是有利于资本所有者的利益，这便成了雇员与管理者之间冲突产生的深层根源。

近几十年来，商业环境、信息技术的变化，迫使企业采用其他的方式来重新构建他们的权利组织。比如，雇员团队被授予广泛的权利，使得雇员在很大程度上可以根据自己的意愿进行工作，而不受到直接的监督；大规模的授权，使得管理者可以从指挥雇员工作到引导雇员工作、从严密监视到授权自主完成任务，提高了雇员的主动性。但是，由于雇佣关系仍然没有根本改变，由雇佣关系性质导致的冲突根源也依然存在，随时威胁着雇员和雇主之间的关系。

4. 劳动合同的性质

劳动合同，又名劳动协议，是由雇员和雇主依法协商达成的，用于明确双方权利和义务的协议。作为确立劳动关系的法律形式和产生劳动法律关系的法律事实，劳动合同对于保障劳动者的合法权益、激发劳动者的积极性和创造性具有重要作用。

通过签署一份详尽的劳动合同，确定了劳动者应完成的工作任务、工作的质量和数量要求、工作的责任和范围，以及相应的报酬，能够有效地预防冲突的发生。冲突只会在合同中的任何一方没有严格遵守条件时才会发生。但实际上，从全球劳动力市场看，劳动合同的条款和内容不可能包罗万象，格式也不可能完全统一，有的雇佣双方甚至根本没有订立书面合同。所以，这就造成了劳动关系的一些内容，比如对工作的预期和理解等，并不能完全用书面的形式进行约定。这种理解和期望由于具有复杂性和模糊性，使得双方对各自的角色和义务产生不同的看法和理解，导致相互不信任和冲突的产生。

5. 心理契约的不履行

美国著名管理心理学家施恩教授提出的"心理契约"可以被理解为企业和员工之间的一种隐性契约，虽然并未明确写出并签署，但双方仍然能够在决策上找到彼此的"关注点"，就像是签订了一纸正式的契约一样。企业能够明确了解每位员工的职业发展目标，并且有能力实现这些目标。而员工们也全力以赴为企业的发展作出贡献，因为他们相信企业有能力实现他们的愿望。

大多数企业中，雇员和雇主之间存在一种"心理契约"。这种契约是雇员和雇主双方出于各自的权利和义务而制定的一种非正式协议。它不仅包括工资和员工福利的支付，而且还包括双方对工作绩效、工作条件、工作保障、晋升机会、工作分配及其他因素的预期。虽然这种契约并非以书面形式订立，没有法律效力，但是它仍然真实存在并且很重要。如果一方认为另一方实质上违反了这个契约，即产生了认识的不一致，就会引起忧伤、失望，甚至是怨恨、愤怒等情绪，进而引发各种各样的冲突，尤其在管理方单方面导入新的管理规则、变更、破坏心理契约时，这种冲突就更为明显。

在实际情况中，许多雇主已经意识到了心理契约的价值，并在关注其内涵和实施方面下了功夫，努力确保雇员对工作的期望与雇主对工作的期望保持一致。因此，建立良好的沟通机制是履行心理契约、减少冲突的重要一环。员工和雇主需要相互交流，明确了解彼此的工作期望，并将其与个人期望进行对比，以消除误解和争执。例如，很多公司有越级接见的程序，在越级接见中，雇员定期与其监督者的上司见面，以便表达对监督者的意见和建议；开门政策也能达到同样的效果，即雇员可以要求会见公司的最高主管，这样可以修订劳资双方的心理契约，并有利于履行二者的心理契约。

6. 劳动力市场状况

虽然劳动者的地位和工作条件都得到了一定的改善，但劳动者相对于雇主而言仍然是受剥削的。世界银行的发展报告显示，20世纪80年代以来，全球收入差距不是在缩小，而是在逐步拉大，各国的基尼系数总体呈上升趋势。在以美国为代表的许多发达国家中，经济增长的成果仅仅被少数人享有，多数人分享到的经济增长成果相对很少，尤其在垄断和非垄断行业之间，这种不平等更加突出。

劳动力的供大于求和失业率的不断上升，成为工人在劳动力市场上面临的严峻问题。我国加入世贸组织后，用人单位因为有更多的选择机会而表现得更加挑剔，劳动者因为要面临更多的竞争而表现得更加弱势。另外，劳动者的健康和安全问题也十分严峻，即使在发达国家，因工伤残和死亡也时有发生，安全和健康成了劳动者和雇主之间矛盾冲突的另一个社会根源。

（二）冲突的表现形式

劳动关系主体之间的冲突源于双方的利益、目标和期望存在差异，甚至相互对立。冲突通常会呈现为显性和隐性两种形式。

1. 显性冲突

员工最常见的显性冲突表现包括罢工、抗议、离职和表达不满情绪等。对于雇主来说，可能表现为裁员、停止生产、处罚等行动。其中，罢工被视为最直接的对抗手段。当劳方和资方的利益冲突逐渐升级时，通常会通过罢工这种形式来表达不满。罢工的发生是因为雇主违反了既定规则和心理契约，这可能会激起工人的不满。罢工不仅仅是工人追求更好薪酬和工作环境的方式，它还是工人们团结一致表达诉求的途径，使他们能够表达不满并针对他们认为的不公平或不合理的雇佣行为作出反击。

2. 隐性冲突

隐性冲突对于员工来说主要表现为职务内绩效的降低，比如怠工、旷工、偷懒、缺勤等；对于用人单位来说则表现为任意安排员工、排挤员工等。

当一些企业职工的合法权益受到侵害或者其要求被管理方拒绝之后，他们为了避免罢工这种明显冲突带来的不利，往往用怠工、旷工、偷懒等形式来反抗。他们还会彼此之间抱怨、诉说自己的不快，心不在焉地工作，缺乏责任心，使劳动关系的矛盾暂时隐性化，但是却在内部越积越深。由于这种隐性的冲突不容易被发现，所以往往会隐藏着更大的危机，并给企业带来一定的损失。

用人单位也同样会采用隐性的手段对付员工，有目的地安排调动员工、排斥员工，表面上是正常的工作调动，但实际上是一种打击手段，员工虽然知道其真正的目的，但也只能被动接受。

（三）产业行动

1. 产业行动的概念

产业行动，也被称为集体行动，是指劳资双方为了实现自身目标和需求采取的对抗性行动，通常表现为罢工或停工等方式干扰企业的正常运营。它是指在双方无法通过常规的谈判达成共识、解决分歧时，为了维护各自的权益采取的保护性、权益性和暂时性措施。具体说来，产业行动是指在劳资双方的集体谈判中，雇员或雇主单方面采取的行动，以此向对方施加压力，并导致正常工作暂时中断。

一般来说，产业行动是集体协商、谈判失败后的高级斗争形式，也是在法律许可的范围内、以和平手段所能够采取的最终的斗争或争议方法。

依据劳资对等的原则，同团结权和集体谈判权一样，产业行动权在一般法律意义上是劳资双方共有的权利。但在劳动法中，通常是指劳动者一方的权利。

2. 产业行动的形式

产业行动虽是劳动关系双方都具有的权利，其主体可以是雇员（工会），也可以是雇主或者雇主组织。下面分别予以阐述。

（1）雇员的产业行动

①罢工，是产业行动中最明显的方式。当劳资双方发生争议，并且双方又都不肯在谈判中妥协时，就可能会引发罢工。随着罢工的进行，双方迫于罢工带来的损失压力，又会重新考虑各自的让步底线，降低心理预期，最终达成协议。因此，罢工实际上是一种使双方相互妥协的方式。而双方最终妥协的程度，则取决于双方力量的对比。

②怠工，是雇员产业行动的一种基本手段，在多数国家已被认为是合法的产业行为。它是指雇员既不离开工作岗位也不进行就地罢工，只是放慢工作速度或进行破坏性工作。雇员不需要与雇主进行激烈的冲突，只需要在工作中故意散漫、懈怠，或故意浪费企业的原材料，以达到改善劳动条件的目的。如果不仔细观察，雇主甚至可能无法发现怠工。雇员进行怠工同样需要大家的团结一致、共同行动，才能对雇主或管理方造成威胁，如果只有少数雇员参与，那么怠工行动的结果可能以雇员的失败或被开除而告终。

③联合抵制，是指消费者和雇员联合起来，通过拒绝购买某公司的产品或服务来向公司施加压力，并要求该公司改变其做法。根据所抵制的对象的不同，联合抵制可分为初级联合抵制和次级联合抵制：初级联合抵制是指工会通过向雇主施加压力，迫使其接受谈判条件的行为方式；次级联合抵制是指工会通过行动，对没有直接参与劳资纠纷的雇主施加压力，迫使他们感受到不利影响，并采取相应的措施的方式。除了抵制对象的不同，二者的抵制方式也存在区别：初级抵制是通过劝说消费者不去购买雇主的产品来限制雇主产品市场；而次级抵制是开展工人运动，使消费者不购买雇主的产品。

④纠察，指罢工员工会在企业入口或周围设立阻挡线，以阻止其他员工或人员进入。纠察行动通常伴有标语或者旗帜，它们的作用在于帮助罢工和保障联合抵制行动的顺利进行。

英国广播公司（BBC）曾发生过公司历史上罕见的24小时员工大罢工。从BBC记者到技术员工都参与其中，罢工的目的是抗议这家世界最大的公众广播公司采取的一项近4 000人的裁员计划。罢工时，员工打着"为我们的BBC而战"

的标语，并在BBC总部的门外设置了纠察线，以阻止前来上班的同事进入大楼。

⑤"恶名单"和"好名单"。工会制订一份名单，列出那些与工会立场相悖的雇主，将其称为"恶名单"，并在工会成员之间进行流传，以阻止工会会员对这些企业进行支持。由于许多国家将"恶名单"视为非法，于是工会转向使用"好名单"，即在这种名单上列出工会认为对工会公正的雇主。工会会员看到这种名单，会对公正的雇主企业持维护态度，而对那些榜上无名的雇主企业持怀疑甚至不信任的态度。

（2）雇主的产业行动

雇主采取的产业行动在方式与特征上不如雇员的产业行动明显，而且通常具有一定的被动回应性，因为雇主所能够采取的产业行动，与其在劳动关系和劳动冲突中的地位有关。雇主采取的产业行动方式主要有以下几种。

①关闭工厂，指的是当雇主得知雇员准备罢工或者雇员刚开始罢工的时候，就关闭工厂，并且声称是被迫行为。雇主这样做的目的是避免工厂受到重大损失甚至倒闭，同时通过解雇或者停职的方式，切断劳动者的工资来源，迫使劳动者屈服于管理者的权威。这种方式是雇主惯用的一种威胁员工的手段。

②雇用替代劳动者，是指在正式员工罢工期间，雇主通过雇用其他劳动者来代替罢工工人进行生产，以抵制或破坏工人罢工的一种手段。雇用替代劳动者进行生产，使罢工不再对雇主存在威胁，同时也达到了削弱工会威望的目的。雇用替代者的本意，是为了缩短罢工时间，但实际上罢工的时间不但不会缩短，反而可能会延长。因为替代劳动者认为，如果罢工继续下去，自己便会一直被雇用，因此，他们会尽量设法延长罢工的持续时间。

③雇主充当罢工破坏者，指的是罢工期间，雇主借助其他雇主的生产能力完成生产任务。实际上是用其他企业的生产能力，代替罢工替代者的角色。这种行为通常是由雇主协会组织的，当协会中的某个雇主受到一个工会或者几个工会的威胁时，其他雇主组织成员可以帮助他，以弥补工厂受到的损失。

④复工运动，是指雇主派人到罢工工人家中劝说罢工者或其家属，使他们相信不久之后，大多数工人都将会回到工厂工作，并且他们的利益也会得到良好的保障。雇主通常认为，多数工人不会对这一举动无动于衷，他们甚至可能会穿越

工会设置的纠察线回到工厂工作。

⑤黑名单，又叫"黑表"，是指雇主通过秘密调查，将一些不安分或有可能在劳动冲突中发挥带头作用的劳动者登记在一张表上，并暗中通知本行业其他雇主不要雇用他们，被列在表上的劳动者可能会丧失被雇用的机会。

⑥排工，是指雇主对某些劳动者采取排斥的态度。由于工会的力量对雇主存在很大的影响，所以通常雇主会排斥那些加入工会的劳动者。另外，在雇佣劳动者的时候，为了防止劳动者利用工会与企业讨价还价，雇主往往以不加入工会为雇佣条件，强迫劳动者接受。

二、合作

（一）合作的根源

劳动关系理论一般认为，劳动关系主体之间的合作主要源于"被迫"和"获得满足"。

1. 被迫

"被迫"表示员工在不得不的情况下被迫合作。劳动者为了生存必须找到雇主并签订雇佣合同。而且若他们与雇主的目标相左，可能会遭受处罚甚至失业。尽管工人有可能团结起来采取集体行动，但长时间的罢工和其他冲突形式可能会导致工人的收入减少，甚至会导致雇主撤资、停止经营、关闭工厂或在其他地方重新开始业务，从而导致工人失业。实际上，雇员更加依赖雇佣关系的持续性。劳动者要谋生，就要保住其工作岗位，而且从长期而言，他们非常愿意加强工作的稳定性，以便获得提薪和增加福利的机会。从这个角度讲，利益造成的合作与冲突同样重要。雇主也会从自身利益出发，在不影响企业既得利益的前提下，被迫满足员工提出的一些要求，保证企业的正常运转，从而获得更大的利益。

2. 获得满足

劳动者获得满足主要有以下几个方面内容。

（1）"获得满足"主要建立在工人对雇主的信任基础之上

这种信任建立在对目前经济体系中法治公正的理解及对管理权力的限制措施

上。在西方劳动关系领域，这种信任的形成可以归结为三种解释。第一种观点认为，在社会化过程中，雇员作为社会的一部分被看待，资本家可以通过广告和教育传达他们的价值观和信念，以降低雇员形成"阶级意识"的可能性，塑造雇员的身份为"团队一员"而不是"问题制造者"。第二种观点认为，大部分劳动者都比较理性，他们意识到目前的体制安排是最实际的选择，并一致认为整体而言，现有体系的运作还算令人满意。第三种观点认为，在职场中，人们往往会与同等水平的同事比较，他们认为只要在同事群体中感到满足和舒适，就不会有牢骚。所以，通常从事低薪工作的人对工作有着很高的热情。

（2）工作本身带来的满足

除了对制度的信任，劳动者从工作中获得满足的更重要的原因在于，大多数工作都有积极的一面。研究表明，在当今的欧美国家，许多劳动者对自己的工作感到非常满意，他们觉得自己已经完全融入了工作，并且认为工作既有意义又令人愉快。尽管有时候会感受到工作压力、超负荷工作或缺少工作自主权，但他们还是乐于投入工作。劳动者意识到了工作的重要性，并从中获得了自我成就感，并感到满足。具有责任感的劳动者相信只要雇主没有违背他们之间的心理契约，他们就应该遵守心理契约。

（3）管理方的努力使员工获得满足

管理方有时会积极与员工合作，因为这有助于达到他们的利益目标。因此，他们可能会作出一些让步以提升员工的幸福感，进而帮助员工获得更多的满足感。这些措施减轻了冲突带来的负面影响，增进了合作的效益。这些雇主通常可以赢得更多的信任和支持，因为他们被认为是杰出的。

矛盾会造成员工的工作积极性下降，但合作则会鼓励更多员工参与工作。合作是劳动关系中的一个重要方面。

（二）冲突向合作的转化

在劳动关系中，即使存在合作的理由，冲突还是不能完全避免的，为了减少和化解冲突，管理方往往会通过沟通的手段，或用共同协商的方式来解决与劳动者及其组织之间的问题，使冲突向合作转化。

1. 沟通

（1）沟通的概念

沟通，就是主体之间交换信息的过程。在劳动关系中，沟通是指管理层与员工及组织之间信息传递的过程。管理方的沟通过程旨在向员工传达组织相关资讯，深化他们对组织事务及管理方地位的认识，消除员工及其代表已有的错误观念。

员工和工会获取信息的主要目的，是巩固工会在集体谈判、组织内部劳资联合决策中的作用。沟通产生的背景原因是管理方与员工获得信息的程度不对称，管理方拥有更多的信息。

（2）沟通的内容

沟通的主要内容有四种。第一，就业组织介绍性质的信息。此类信息可以让员工对就业组织的全貌有一个大概的了解。例如，企业的性质、职工人数、产品范围等。第二，日常工作情况信息。例如，某天生产的产品的数量和质量、生产中遇到的问题等。第三，就业组织政策或组织人员调整的信息。例如任命、招聘和裁员信息等。第四，就业组织运作的详细信息。例如，企业的生产经营情况及其分析。当然，对于管理方来说，沟通并不是与员工共享所有信息，而是只挑选有助于资方缓解冲突和加强其在谈判中地位的信息与员工共享。

虽然沟通能够改善管理方与员工之间的关系，减少冲突，但由于沟通本身并不能解决他们在利益和价值观上的差别，因此沟通并不能完全消除冲突。人们发现，谈判者总会挑选那些能够支持其观点的信息，而忽略那些不能支持其观点的信息，信息再多也无法改变谈判者的这种行为方式。

（3）在沟通中寻求均衡

劳动关系的融洽程度，对于企业在降低交易和代理成本方面的效果有着直接影响，进而决定了企业的绩效是否能够得到提升。培育融洽的劳资关系是建立和谐社会的重要基石，也是打造和谐企业的核心要素。在错综复杂的情景中，各方积极主动地寻求共赢的机会，打造由企业、工会和政府共同参与的合作框架，有助于推动建立和谐的劳资关系。我们也只有通过树立"追求共赢"的思想观念，才能真正化解劳动关系中可能产生的矛盾和冲突。

2. 共同协商

在管理方与员工之间的互动中，除了沟通，管理方为了增加与员工之间的合作，减少冲突，建立相对和谐的关系，还会采取共同协商的手段。

（1）共同协商的概念

共同协商是指在决策之前，用工单位与员工进行沟通，收集员工的意见和看法，但最终决策不需要员工的批准或同意。协商委员会是一个由雇员和管理层代表构成的机构，他们进行协商，共同选举主席。共同协商是一种合作机制，在这一机制下，雇主会更加重视员工的看法，或者至少表现出愿意倾听员工意见的态度。此外，员工会自发地关注组织的持续存在与进步，而非漠不关心或袖手旁观。同样值得重视的是，共同协商提供给员工可以表达意见的机会，并且为管理层了解潜在冲突提供了渠道。

（2）共同协商的作用

①共同协商使双方在思想上和行动上寻求更大的一致。

即使雇员和管理层追寻不同的目标，但雇员可以通过协商来更全面地了解和支持管理层的生产经营战略。管理方也应充分强调他们的管理政策，以保证员工能够充分了解。通过定期交流和谈论公司内部事务和变革计划，员工的态度有可能会有所改变，从而推动组织战略的执行，并提升生产效率。

②共同协商能够部分地调整劳动关系。

就像沟通不是万能的一样，共同协商也不能完全避免冲突。共同协商作用的大小取决于双方利益一致性的强弱。如果双方的共同利益有限，那么双方在调整劳动关系方面的弹性就较差；而反之亦然。

同时，由于组织体系和产业民主化水平的差异，共同协商的结果可能会有所不同。在没有工会的情况下，共同协商的目的是提升员工的满意度。在工会影响力受到限制时，协商可以被视为工会制度的一个方面，起到非正式谈判的先导作用。尽管共同协商制度和工会系统是两个不同的实体，但当工会和共同协商制度在同等地位且各自独立存在时，它们可以相互增进，发挥各自特长。在双方进行协商时，关键在于充分沟通和分享信息，这样可以更顺利地展开问题讨论。

第三节 政府与劳动关系

一、政府在劳动关系中的角色

政府在劳动关系中的角色定位是指政府在劳动关系的形成、运行和演变中的介入程度。在劳动关系领域中政府如何定位，直接决定着社会价值和社会资源在劳动关系主体之间如何分配，决定着劳动关系双方力量的对比，以及劳动关系的运行机制等。

（一）政府与劳动关系理论

1. 新保守主义政府理论

新保守主义观点认为，在维护法律和社会秩序、保障国家安全的同时，政府应当最大限度地减少对经济和社会生活的干预，并且在促进自由市场的运作时充当"守护者"角色。在劳动关系领域，新保守主义提倡减少政府对劳动和就业问题的法律法规干预，认为这种干预可能扰乱自由市场机制，从而影响效率。同时，新保守主义认为工会是基于追求经济利益而建立的垄断性组织，作为一个有影响力的利益集团，他们有能力对政府的公共政策产生影响。

2. 管理主义政府理论

管理主义倡导应用经营技能来策划和监督企业、机构及其他组织的运作。传统的管理主义者注重企业管理层对劳动关系的策略和操作，但却忽略了政府在这个过程中的作用。近年来，管理主义政府理论认为要采取措施促进雇主和员工之间的合作，并应在教育培训、研究开发、交通通信等领域为私人部门提供更多的支持。与新保守主义不同，管理主义更侧重于强调政府在劳动关系中促进稳定、推动劳资合作，以及实现经济繁荣方面的积极作用。

3. 正统多元主义政府理论

正统多元主义认为，在当今社会中，存在着多样的利益团体，它们在争夺有限资源的过程中会不可避免地产生利益冲突，但这些团体之间的利益是可以协调和处理的。不同利益集团的存在，促进了公民与政府之间的交流，从而起到了建设性的作用。政府的责任是平衡劳资之间的利益冲突。在劳动关系领域，正统多元主义政府理论主张政府应在维护公正的前提下适度干预经济活动，担任中立的仲裁者，以协调劳资双方的利益分歧。这个理论认为，最佳的政府应该充当中立的调停者，在劳动关系中给予公正的外部条件，使雇主和雇员可以平等地协商解决内部分歧，从而避免产业冲突的频发。

4. 精英主义政府理论

精英主义认为，社会根据收入、职业、权力、地位等因素将人群划分为各种不同的社会阶层，而精英则位于社会的顶层，通常包括政府官员、政治领袖和管理阶层。现代社会的基础就是精英，精英拥有强大的政治权力，政府被精英所控制，因此对政策制定具有直接而重要的影响力，而大多数人被排除在实际的政治过程之外。政府在劳动关系中扮演精英利益的捍卫者，在不破坏现有精英结构和不牺牲精英阶层利益的前提下，政府可以通过颁布就业与劳动法律来缓和劳动者的不满。

（二）劳动关系中的政府角色

英国利物浦大学教授罗恩·比恩（Ron Bean）在《比较产业关系》一书中指出，政府在劳动关系中主要扮演5种角色：①第三方管理者角色，为劳资双方提供互动架构与一般性规范；②法律制订者角色，通过立法规定工资、工时、安全和卫生的最低标准；③劳动争议的调节者和仲裁者角色；④公共部门的雇主角色；⑤收入调节者。

我国学者把政府在劳动关系中的角色概括为5P角色：劳工基本权利的保护者（protector）、集体谈判与劳工参与的促进者（promoter）、劳动争议的调停者（peace maker）、就业保障和人力资源的规划者（planner）、公共部门的雇佣者（public sector employer）。

实际上，劳动关系领域中的政府角色定位，取决于政治、经济、文化、政府职能定位和政府价值追求等多种因素。因此，不同国家的政府在劳动关系中扮演的角色、强调的重点，以及对劳动关系的干预程度有所差异。我国政府在劳动关系中的角色大致有5类。

1. 劳动规则的订立者

市场经济最基本的原则是契约原则，即要求各市场主体在平等、自愿的条件下，通过契约完成交易。在市场经济体制下，政府既不是新保守主义所主张的"守夜人"（不干预），也不是计划经济体制下的"划桨者"（直接干预），而应该是"掌舵者"。作为"掌舵者"的政府在劳动关系领域的表现就是充分尊重劳动者与用人单位双方通过契约自愿结成的公平的劳动关系，完成资本和劳动的有机结合，同时通过订立、提供相关劳动规则，把双方的行为限定在法律、制度的框架内，维护双方的基本权益，平衡双方的利益关系，恰当调整劳动关系状态。

2. 劳动规则的执行者、监督者

"徒法不足以自行"，政府在承担规则制定责任的同时，还要有效地监督其实施，保证相关规则得到认真执行，从而使劳动者的基本权益得到实质性的维护。目前，诸如不与员工签订劳动合同、不给员工发加班工资、不给员工缴纳社会保险等侵犯劳动者权益的事时有发生，大量劳动关系矛盾得不到有效解决，问题不在于没有规则，而在于规则的执行力度、监督力度不够。因此，政府应该优先考虑赋予劳动监察机构更大的权力，并加强人员配置、提高人员素质，健全劳动保障法律监督检查网络；定期对用人单位进行劳动合同、社会保险、安全生产等方面的检查，并将检查结果公之于众；加强对劳动执法权力的监督和制衡，建立严格的行政监督机制和严苛的惩罚体系，严厉打击执法不当、执法不公的行为，对行政不力和不作为实行问责和追责制度。

3. 人力资源市场的宏观调控者

作为一种社会经济关系，劳动关系中的诸多矛盾和冲突都与人力资源市场结构有密切关系，如人力资源市场不统一，可能导致劳动歧视行为。因此政府要扮演好人力资源市场的宏观调控者，包括人力资源市场供需调控和人力资源市场运行调控。首先，在人力资源市场供需调控方面。就我国现行的经济运行状况而言，政府应该充分运用财政和货币等宏观经济政策手段来调整人力资源需求。通过人力资源政策，如改革户籍管理制度及促进人才流动管理制度，开展职业预测、职业培训和再培训等措施，调节人力资源供给。逐步缓解人力资源市场供大于求的格局，改善人力资源市场供求结构不均衡的状态，旨在实现在充足就业机会背景下的人力资源的供需平衡。其次，在人力资源市场运行调控方面，政府需要通过调整工资政策、提升就业服务政策、改进社会保险制度、实施反歧视政策和强化劳动保护等措施，来确保劳动者的经济利益、就业权利和就业条件，以促进人力资源市场的良性运行和协调发展。

4. 劳动争议的调停者

计划经济体制下，我国劳动关系中的企业和职工双方都没有成为独立的利益主体，政府作为双方利益代表，是劳动关系中的重要利益主体，并通过行政管理直接负责劳动关系的调整。伴随我国市场经济体制的建立和不断完善，政府在劳动关系中的角色由原来的直接利益主体演变为企业和职工之间的"裁判"，成为企业与职工之外的中立方，"为了维持良好的劳动关系，政府通常作为中立的第三方提供调解和仲裁服务"①。结合我国现行经济体制的特征，政府要扮演好裁判与调停者的角色就必须重视三个方面：一是要实现政企分开，公正解决劳动争议；二是处理劳动争议时要避免政府受制于企业；三是在处理劳动争议时不能过分偏袒劳动者，同时要考虑作为劳动关系主体的企业方的合法权益。

5. 公共部门的雇佣者

作为社会公共事务的管理者，政府在劳动关系领域具有双重身份，既是劳动关系管理的主体，又是受劳动关系约束的客体。政府作为公共部门的雇佣者，应该设立合法合理的劳动规定，以身作则，对劳动关系进行积极引导。

二、政府对劳动关系的管理

政府对劳动关系的管理范围及管理力度要受经济、意识形态、政府治理理念等因素的影响，尤其在很大程度上直接或间接地受经济因素的影响。在经济全球化程度日益加深、社会转型的背景下，政府要对劳动关系的建立阶段、存续阶段及终止阶段进行有效管理，从而为经济和社会发展创造有利条件。

（一）劳动关系建立阶段的政府管理

政府在劳动关系建立阶段的管理主要集中在就业和劳动合同方面，这是政府

---

① 丁胜如. 论社会转型期政府在劳动关系中的职责[J]. 中国劳动关系学院学报，2006（2）：1-8.

劳动关系管理的基础。

1. 就业方面的政府管理

就业是劳动关系的核心问题之一。政府在就业问题方面主要关注就业水平和就业模式。不同经济体制下就业水平和就业模式有所不同：计划经济体制下，劳动者就业主要是统包统配的政府行为，实现低工资高就业；市场经济体制下，就业模式主要是用人单位和劳动者双方在自愿基础上的自主就业，由于劳动力供需不平衡及劳动者的个体差异，存在一定的失业率。19世纪后期，市场经济体制在西方各国基本成立，主张由"看不见的手"引导经济活动，政府要少干预或不干预，表现在劳动关系领域就是本着自由放任精神，让劳资双方在契约原则的引导下自愿结成雇佣关系。20世纪30年代，随着市场经济本身所固有的失业、贫富差距过大、周期性经济危机日趋严重等一系列弊端日渐显露，凯恩斯主义认为应该放弃自由放任，实行国家对经济生活的全面干预，表现在劳动关系领域就是要将实现充分就业、社会公平和经济的持续增长作为政府的主要目标，为此西方各国相继实施支持充分就业的政策。西班牙和葡萄牙两国政府在增加就业、减少失业方面采取了多种积极措施。例如，发展支柱产业，创造就业岗位；制定保护政策，避免大量裁员；减免税收比率，倾斜就业工作；扶持青年企业，扩大就业规模；减少部分工时，增加就业机会；加大培训力度，提高就业能力。

随着我国经济体制转轨进程的加快加深，以及劳动力市场的不断发展，就业问题日渐突出，主要表现为：劳动力供给总量大于需求；国企改制导致大量工人下岗失业；产业结构不合理导致就业结构不合理；农民工就业环境差；大学生就业难等。因此，政府的就业管理应注意以下几个方面：①保持经济持续稳定增长，积极扩大就业；②统筹城乡发展，推动农村劳动力转移就业；③积极采取措施，做好高校毕业生就业工作；④完善就业政策体系，加大对困难地区和困难群体的就业扶持力度。

2. 劳动合同方面的政府管理

劳动合同是规范劳动关系的文件，是明确双方权利义务的法定协议，也是保障双方权益的法律工具。劳动合同的订立就是劳动者和用人单位通过相互选择和平等协商，就劳动条款达成协议。订立劳动合同必须遵循合法原则、平等自愿原则、协商一致原则。

西方工业化国家的劳动合同经历了一个由民法到劳动法的过程。20世纪以前，劳动合同被载入民法，完全适用契约自由原则。到20世纪初，出于国家干预劳动合同和协调劳动关系的需要，劳动合同由民法范围转入劳动法范围。比利时在1900年3月制定的《劳动契约法》开创了劳动立法的先河。

我国的劳动合同立法经历了较长的发展过程。中华人民共和国成立初期，劳动部制定的《失业技术员工登记介绍办法》(1950年)、《关于各地招聘职工的暂行规定》(1951年)等法规，都要求通过订立劳动合同来确立劳动关系。从20世纪80年代开始，劳动合同立法取得了显著的进展。1980年，《中外合资经营企业劳动管理规定》由国务院颁布，规定合资企业应当通过签订劳动合同来约定职工雇佣和劳动关系的各项事项。1986年，国务院颁布了《国营企业实行劳动合同制暂行规定》，规定全民所有制单位在招聘常年性工作岗位的员工时，必须统一实行劳动合同制度。在1991年国务院颁布的《全民所有制企业招用农民合同制工人的规定》和1992年劳动部和国家体政委颁布的《股份制试点企业劳动工资管理暂行规定》等法规中，都规定劳动合同作为确立劳动关系的法律方式。1994年7月颁布并于2018年进行修订的《中华人民共和国劳动法》，对劳动合同的相关事项作出了具体规定，包括定义、适用范围、订立、变更、解除、终止等方面。这一举措为统一和完善劳动合同制度奠定了法律基础，推动劳动合同立法向前迈出了一大步。我国劳动合同管理的框架由行政管理、社会管理和用人单位内部管理构成，但以劳动行政部门的管理为主，其管理职责主要包括制定关于劳动合同的规章和政策；指导用人单位实行劳动合同制度；实行劳动合同鉴证和备案；确认和处理无效劳动合同；监督劳动合同履行等。

（二）劳动关系存续阶段的政府管理

劳动关系存续阶段的政府管理主要体现在工资、劳动安全、职业培训等方面。

1. 政府的工资管理

工资是劳动者在完成工作任务后由雇主支付的报酬，是劳动关系中的一部分。工资的水平对劳动市场的结构、劳动力市场的运转、国民收入的分配及产业结构的调整等方面都有着直接或间接的影响，因此各国政府都非常重视对工资的控制。在现代的经济体系中，政府能够在一定程度上管理工资，这有助于维护劳动者的工资权益，同时也可以限制企业在工资分配上的自由度，进而促进工资分配的效率和公正。政府的工资管理主要包括以下三个方面。

第一，监督并规划全社会的薪酬政策和法规，控制工资总量，设立最低工资标准，确保工资支付，特别是保证及时发放工资，调整不同地区、行业和职业之间的薪酬比例。

第二，政府对企业工资的间接管理是通过灵活而适度的方式，整体调控企业工资水平，以促使企业改善并完善薪酬制度，确保企业在工资分配方面遵循相应法规和政策。

第三，管理国家机关（包括一些事业单位和社会团体）的薪酬福利制度，主要涉及了薪酬分发政策的制定，根据经济发展情况并参考企业平均薪酬水平来确定和调整国家机关的薪酬水平。

2. 政府对劳动安全的管理

劳动安全指劳动者在劳动过程中的安全和健康保护。目前世界上许多国家都制定了劳动安全方面的法律，如美国的《职业安全与卫生法》、日本的《劳动安全卫生法》等。我国除了《劳动法》《中华人民共和国矿山安全法》《中华人民共和国职业病防治法》《中华人民共和国安全生产法》，还有许多有较大影响的劳动法规、规章。

根据我国宪法规定，政府及其有关部门对劳动者的劳动安全和健康在宏观上负有以下职责：第一，制定劳动保护法规和劳动安全卫生标准，并监督用人单位执行。第二，政府职能部门要把劳动安全卫生管理和卫生工作纳入各自的日常职责范围；通过日常的审批、鉴定、考核、认证、事故查处职能活动等，督促用人单位做好劳动安全保护工作。第三，通过劳动保护监察活动，监督用人单位遵守劳动保护法，制止、纠正并制裁劳动保护中的违法行为。

3. 政府对职业培训的管理

职业培训是根据社会需求和个人意愿、条件，按照特定标准进行的教育训练活动，旨在提高劳动者的职业技能水平。许多发达国家和发展中国家的经济发展史表明，通过职业培训来开发劳动力资源是影响社会生产力水平和经济发展的一个重要因素。因此各国都很重视职业培训。

我国的职业培训始于国民经济恢复时期，计划经济时期是职业培训初步奠定基础的阶段，党的十一届三中全会后是职业培训的发展阶段。

我国的职业培训管理体系由劳动行政部门管理、教育行政部门管理和行业主管部门管理构成，其中劳动行政部门管理是综合性、全面性的职业培训管理。劳动行政部门对职业培训的管理职权和范围大致为：①制定职业培训的政策、规章、规则、标准等规范，统一制作有关证件和通用标准；②行使审批权，对职业培训实体的开办、职业技能鉴定机构的设立等进行审查和批准；③行使监督权，对整个培训活动实行全面监督，监督对象包括培训活动的开展，培训实体的设立和权益保护，培训合同的履行，培训经费的提取和使用，技能鉴定活动和发证工作；④组织和领导对培训实体的评估工作；⑤对培训中的违约、违法行为进行处理和处罚。

（三）劳动关系解除、终止阶段的政府管理

劳动关系的确立主要是劳动合同的订立，因此劳动关系的解除、终止也就是劳动合同的解除、终止。

劳动合同的解除是指合同当事人提前终止劳动合同的法律效力的行为，按照合同解除条件分为法定解除和约定解除；按照合同解除方式分为协议解除和单方解除（包括用人单位的单方解除和劳动者单方解除）。劳动合同的终止是指由于发生了法律特定的情况，导致劳动关系结束，进而使劳动者和用人单位之间的原有权利和义务消失。

政府在劳动关系终止和解除阶段的管理是指通过法律法规来规定相关条件、程序和法律后果，以保障劳动者和雇主的权益合法，并促进劳动力的自由流动。因此政府在这一阶段的管理需要主要关注以下几个方面的问题：①解雇员工和结束雇佣是否公平；②劳动关系解除、终止行为是否履行法定程序；③规定劳动关系解除、终止行为是否承担赔偿责任，以及确定赔偿标准。

第二章 劳动者的权利及其相关研究

劳动权利在劳动关系理论研究中扮演着重要角色，自立法之初它就被列入了宪法监管中，并被视为一项基本人权。权利的概念是劳动关系中所不可或缺的基本价值取向，贯穿于规范个别和集体劳动关系的全过程，对劳动关系的处理方式和变迁产生重要影响。本章主要介绍了劳动者的主体地位、劳动者的权利和义务、劳动者社会保障权。

第一节 劳动者的主体地位

一、法律意义上的劳动者

在我国的法律中，"劳动者"是一个宽泛的概念。自从1995年1月1日我国开始实施《劳动法》以来，"劳动者"这一概念就被给予了重视。然而，由于受当时社会环境的影响和认识水平的限制，法律并未对"劳动者"进行具体的定义，而是将其视为所有基于契约义务从事有薪劳动的人。《中华人民共和国劳动合同法》（以下简称《劳动合同法》）延续了《劳动法》的传统，该法律中的第二条直接将其规范的对象称为"劳动者"，并未明确定义劳动者的含义或进行分类划分，采用的是单一主体模型。然而实际情况表明，"劳动者"这个词被定义得太过宽泛，即任何有劳动能力，愿意用劳动赚取报酬并以此作为自己和家庭生计来源的公民，都可被视为劳动者。这意味着在中国，有着超过8亿的劳动者，尽管他们身处不同的社会阶层，属于不同的群体，但都受到了同一套劳动法律的保护。

近代民法认为，民事主体之间具有互换性与平等性，因此对民事主体只做了非常抽象的规定，即将其定义为"人"。然而，自工业革命开始，随着经济的快速增长，雇主逐渐积累更多财富，地位不断提升，而劳动者的地位却逐渐下降，导致差距不断扩大。在雇主和雇员之间，原本应具备的平等和互惠关系已经遗失。首先，近代民法中以抽象的个人为规范对象，调整双方关系时常常因为经济地位的不均而带来实际上的不公平。劳动法的出现与传统民法有所不同，它的目的在于避免因抽象个人而可能引发的不公平情况，并强调根据具体个体情况采取差异化待遇以实现真正的公正。具体来说，劳动者的权益是现实而非抽象的。其次，劳动者可以被分为不同的层次，不同层次的劳动者有着各自不同的具体利益。最后，劳动者之间存在着巨大差异，有的人勤奋努力，有的人懒散疲惫，有的人拥有高学历和专业技能，有的人只能从事基础劳动。因此，劳动法要确定是否存在"不平等主体"，必须依据"具体人"来假设。只有在具体的对比中，才能确定劳资双方的不平等性，而倾斜立法也只能是对具体的弱势一方提供支持。因此，在选择劳动者的模型时，不能过于简单，必须更具体、更详细，否则就难以确定倾斜的力度和方式。

当然，《劳动合同法》在对待不同人员群体时并非一概而论，在某些方面也体现了差异对待，如第四十七条规定了高收入人群体需遵守经济补偿金的"双限高"；第二十四条则限定了竞业限制的对象范围为"用人单位的高级管理人员、高级技术人员和其他负有保密义务的人员"。这两个规则的制定合乎常理，也符合学术界倡导的"建立多元主体模型、实施分类规制"的思路。

二、关于劳动者主体资格的规定

劳动合同的主要参与者是"用人单位"和"劳动者"，也就是劳动法律关系中的当事人。未具备法定资格的个人和未具备雇佣权的实体或个人均不得签订劳动合同。

用人单位指根据法律规定有权聘用和利用劳动力的组织。这些组织涵盖了中国境内的企业、个体经济组织、民办非企业单位，以及国家机关、事业单位和社会团体。《劳动合同法》比《劳动法》扩大了适用范围，包括了民办非企业单位在内。民办非企业单位是通过私人、社会组织或公民以非国有资产创办并提供非营利性社会服务的机构，包括民办学校、研究机构等各类社会组织。

依据我国的劳动法规和政策，一些私营企业、个体工商户等非法人实体和社会组织，也有权聘用劳动力参与生产活动。在签订劳动合同时，必须符合法律规定的雇佣资格和行为能力。经济组织或社会组织中没有劳动权利和行为能力的个体，签署的劳动合同被视为无效。未被法律认可的劳动合同不受法律保护，如果企业签署了无效的劳动合同，就必须承担相应的法律责任。

劳动者包含与中华人民共和国境内的企业、个体经济组织、民办非企业单位签订劳动合同的人员，以及与国家机关、事业单位、社会团体签订劳动合同的人员。

我国《劳动法》规定了未成年人的最低工作年龄，比如《劳动法》第十五条第一款规定："禁止用人单位招用未满十六周岁的未成年人。"这指的就是我国公民获得从事劳动和享有劳动权利的法定年龄。当然，在某些情况下也有特别规定，《劳动法》第十五条第二款规定："文艺、体育和特种工艺单位招用未满十六周岁的未成年人，必须遵守国家有关规定，并保障其接受义务教育的权利。"此外，《劳动合同法》也没有规定劳动者的最大年龄限制。《最高人民法院行政审判庭关于超过法定退休年龄的进城务工农民因工伤亡的，应否适用〈工伤保险条例〉请示的答复》认为，用人单位聘用的超过法定退休年龄的务工农民，在工作时间、因工作原因伤亡的，应当适用《工伤保险条例》的有关规定进行工伤认定。《最高人民法院劳动争议司法解释（三）的理解与适用》规定，对于已达到法定退休年龄但未按法律规定享受基本养老保险待遇的人员，应当将其与用人单位的关系认定为劳动关系，适用《劳动法》的相关规定。

因此，企业在签署劳动合同时，除了确保自身具备签署合同的资格条件，还需审查对方的情况，一旦发现有不符合法律规定的情况，必须及时予以解决，避免给企业带来不必要的损失。

三、企业分支机构与劳动者订立劳动合同效力分析

根据我国公司法律相关规定，企业可以通过成立子公司、分公司、办事处、

代表处等方式进行公司经营，其中除了子公司具有独立法人资格之外，通过其他形式成立的机构均被视为公司的分支机构，而非独立的法律主体。然而，每个分支机构都有自己的雇员，如何确定这些雇员与分支机构签订的劳动合同是否具有法律效力？

第一，依据企业分支机构用人单位是否具备营业执照和登记证书来确定其资格。

第二，尚未获取运营资质和注册证明的子机构，在用人单位的授权下，可以以用人单位的名义与员工签署劳动合同。

第三，如果用人单位的分支机构无法完全负担与员工相关的法律责任，那么其余的责任将由用人单位来承担，最终用人单位的分支机构和用人单位将共同分担对该员工的全部法律责任。

也就是说，除非具备营业执照和登记证书，或者获得授权，否则企业分支机构或社团分支机构应被视为该企业或社团法人的一个部门。在这种情况下，该机构无法单独承担法律责任，因此劳动者与其签订的合同将被视为无效。如果企业的分支机构的劳动合同因某种原因被宣告无效，那么企业将需要根据法律规定承担与该无效劳动合同相关的法律责任。因此，企业需要完善必要的员工审核程序，以避免劳动合同无效的情况发生。

四、法律上"等组织"招用劳动者地位分析

依据《劳动法》第二条及1995年劳动部印发的《关于贯彻执行〈中华人民共和国劳动法〉若干问题的意见》，《劳动法》的适用对象包括以下几种。

①各类企业及与其建立劳动关系的员工。

②个体经济组织和与之形成劳动关系的劳动者。

③国家机关、事业单位、社会团体中受雇于该单位，并适用或应适用劳动合同制度的员工。

④事业单位中执行企业化管理的员工。

⑤其他通过签订劳动合同与国家机关、事业单位、社会团体建立劳动关系的员工。

如前文所提及,"劳动者"指的是除公务员、执行类似公务员制度的事业单位和社会团体工作人员以外的人群,包括但不限于农村务工人员、城市职工、退伍军人及家庭保姆等。将劳动者分为两类,一类是公务员及按照公务员管理模式进行管理的人员,遵守《中华人民共和国公务员法》的规定;另一部分根据《劳动法》规定来管理。随着市场经济的推进,劳动关系变得更加多元化,现有劳动法的调整范围已无法满足劳动关系发展的实际需求。因此,《劳动合同法》针对《劳动法》的规定进行了拓展,将民办非企业单位等组织纳入用人单位范围,并将事业单位聘用制工作人员纳入了《劳动合同法》的管辖范围。另外,《劳动合同法》还根据听取的意见和现实劳动关系的需要,对非全日制用工作了专门规定。企业是经济性组织,其主要目的是盈利。它包括法人企业和非法人企业,是用人单位的核心构成部分,是依据劳动法进行规范的主要对象。个体经济组织是指雇用不超过7人的小型个体工商户。民办非企业单位是指利用非国有资产组织起来、从事非营利性社会服务活动的组织,包括企业事业单位、社会团体和其他社会力量及个人。例如民办学校、民办医院、民办图书馆、民办博物馆、民办科技馆等。

《劳动合同法》第二条明确规定其适用范围包含了企业、个体经济组织、民办非企业单位,同时还对其他类型的组织作了简要规定,将"等组织"也归入了劳动合同法的适用范围。然而,《劳动合同法》没有明确规定"等组织"指代哪些具体组织。它应当涵盖企业代表机构(如工商联、商会)、事业单位代表机构、社会团体代表机构、非营利组织代表机构及个体经营者代表机构等。

《中华人民共和国劳动合同法实施条例》第三条,规定了社会服务中介机构类型的合伙组织和基金会,比如会计师事务所、律师事务所等,由于属于社会团体或者民办非企业单位等组织,也适用于《劳动合同法》的范围。一般来说,会计师事务所和律师事务所的组织结构相对复杂,有一部分采取了合伙制,另一部分采取了合作制。虽然它们不完全符合现有组织形式的定义,但它们雇用助手、工作人员时也需要签订劳动合同,因此也适用《劳动合同法》。不过,对于由个人创办的非合伙组织目前还没有明确的规定。

五、董事、监事、经理的劳动者地位分析

实践中,对于董事、监事与公司是否存在劳动关系有颇多争议,主要有以下观点。

①认为董事、监事与经理都是公司的高级管理人员,应当属于劳动者中的一种,与企业存在劳动法律关系。

②根据《公司法》规定,董事、监事等是由股东会选举产生,并向股东会汇报工作,而不是公司直接雇用的。他们的主要工作是作出经营决策,他们与公司没有签订明确的劳动合同,与一般员工不同,因此他们与公司之间不存在劳动合同关系。

③认为公司董事、监事身份较为特殊,不是纯粹意义上的劳动者,介于普通劳动者和非劳动者之间,属于特殊劳动合同关系,而非标准劳动合同关系。

④公司经理由董事会聘任或解聘,对董事会负责,是主持公司日常管理工作的高级职员,由公司支付报酬,与公司具有劳动合同关系。

⑤董事、监事与经理的合同主体有别,并非受聘于公司,不能算是标准的劳动合同关系,不受《劳动合同法》的调整,而是受《公司法》《中华人民共和国民法典》《中华人民共和国合同法》的调整。

根据劳动法律相关规定,构成劳动关系的基本要素有二:其一,劳动者与用人单位之间存在隶属关系;其二,劳动者依法成为用人单位的成员,在用人单位从事的劳动属于该用人单位的具体业务,并以工资为主要生活来源。公司董事、监事、经理与企业是否存在劳动关系应分情况而定,主要是根据报酬的支付形式和涉及具体法律事项的职责范围而定,即公司董事、监事、经理如未在公司领取工资、报酬,或者公司仅以股权或其他形式作为对董事、监事、经理的激励机制的(此种情形,在国外更多采用的是以董事、监事津贴的形式实现报酬给付)不属于标准的劳动合同关系;如果涉及的事务为公司决策类而非劳动者权益类的,也不属于劳动合同法调整的范围,例如公司章程中规定变更执行董事须经过全体股东同意,或规定任期内不得撤销执行董事职务的,但经2/3股东表决罢免了董事长或董事职务,董事对于该决议

效力提出异议的，属于公司法董事权益范畴，而不属于人事法律关系，应根据《公司法》相关规定向法院提起确认股东会决议无效的诉讼，而不是依据《劳动合同法》向劳动仲裁委员会提起劳动仲裁。

在实践中，若董事、监事本身就属于上级公司的员工，其受指派而担任下级企业董事、监事，也就是说在担任董事、监事之前已与上级公司存在劳动合同关系，则在客观上其就不能同时与任职公司建立事实劳动关系。但若董事、监事非上级公司员工并在接受股东会任命的同时与任职公司签订了劳动合同，自愿约定由任职公司支付工资报酬，建立公司与劳动者关系的，则符合劳动法律合同关系特征，此时，该董事（监事）就具备了劳动者的身份。在这种情形下，董事、监事因工资报酬、福利待遇等问题与公司之间发生纠纷，该纠纷就属于劳动争议而应当依据《劳动合同法》及《中华人民共和国劳动合同法实施条例》等劳动用工方面的法律法规进行处理。对于经理也是同样道理，在没有签订劳动合同的情况下，主要判断依据为是否领取公司工资性劳动报酬，如果仅获取股权激励而不领取工资的，也不能判断其与公司存在劳动法律关系。

第二节 劳动者的权利和义务

一、劳动者权利研究

（一）劳动者的特定资格权利

劳动者特有的权利包括可以自由选择工作和签订劳动合同。尽管宪法明确确认了公民的劳动权利，支持每个公民都能选择劳动以谋生或赚取收入，但这一权利需要在各类法规中具体规定和实施才能真正得以落实。作为自身劳动力的所有者，劳动者需要劳动法明确他们有权与雇主签订劳动合同，将自己的劳动力出租并换取货币报酬，从而获取工资。这是因为根据劳动法规定，劳动者需要通过市场交易的方式出售自己的劳动力，以谋取生活所需和经济收入。因此，劳动者为了保护自身的合法权益，就必须与雇主签订劳动合同，明确劳动关系和工资待遇。

在法律层面上，劳动权可被定义为劳动法赋予自愿参与劳动并接受雇佣关系、提供劳动力以获取报酬的个人的权利。根据《劳动法》规定，劳动者可以在市场经济中自由出售自己的劳动力，并与雇主平等地签订劳动合同。总的来说，劳动权是指劳动者在法律允许的前提下，自愿同意提供劳动力以获取报酬的权利。劳动权是《劳动法》赋予劳动者的特定资格和权利的概念，其中包括但不限于选择工作、进行经济交易和签订劳动合同的权利。

根据国际劳工组织和各国相关法律，雇主不得聘用不满十六周岁的劳动者，雇用未成年劳工会触犯法律。因此，未成年人不具备与雇主签订劳动合同、提供劳务以获取报酬的权利，即未成年人无法获得工资收入，也就是说，未成年人无法行使劳动权利。公民如果因为丧失劳动能力或达到法定退休年龄而必须退出工作，他们有权利享受社会保障法律体系的支持和国家社会的物质帮助。然而，由于他们失去了法律上的劳动者身份，因此也无法享有法律上的劳动权利。需要强调的是，尽管上述个体不符合《劳动法》中对劳动者的定义，不能签订劳动合同并按照合同约定获取工资，但作为公民，他们仍拥有宪法赋予的劳动权利。因此，尽管不能享有《劳动法》赋予的权益，他们作为民事主体仍可以依据民商法和《合同法》获得劳动收入，例如通过提供劳动、服务或劳务产品来获取报酬。这些民商法和《合同法》规定的劳动活动以及相应的报酬也应受到法律保护。

员工的劳动行为能力指的是劳动者与雇主签订和履行劳动合同的能力，主要表现在市场交易能力（如选择工作、谈判技能等）、合同履行能力（如教育背景、知识水平、工作技能等）等方面。换句话说，尽管法律规定劳动者可以通过提供劳动来获取工资，但并不意味着所有劳动者都能够轻易地行使这一权利。只有在劳动者根据资方的生产和经营需求，以及内部分工合作要求进行市场交易、竞争并与资方签订劳动合同后，才能真正享有劳动法赋予的劳动权利。

可以这样说，劳动者拥有的劳动权实际上是指他们通过使用自己的劳动力获取工资报酬并与雇主签订劳动合同的权利。劳动者在法律上拥有决定自己是否工作，选择行业、工作地点和雇主的权利，并且劳动者可以与雇主商讨工作内容、工资待遇以及签订劳动合同等事宜。

可以明显地看出，立法确立劳动权的形式意义在于法律应该保障劳动者的权益，使其有权与雇主一样自由地利用劳动力进行市场交易，以及自愿签订劳动契约来建立劳动关系。法律的根本目的在于保障劳动者能够利用劳动力获得报酬来满足基本生活需求，从而维护劳动者的生存和发展权益，以及作为劳动力持有者的基本人权。在经济领域，这意味着工人可以利用他们的劳动力，通过交易、合作和协作，获取经济利益，满足生存和发展的需求。

（二）劳动者在履行劳动义务过程中享有的劳动者基本权利

从劳动法的角度来看，劳资关系是指雇主和雇员在双方平等协商、签署和执行劳动合同的基础上建立的特殊雇佣和合作法律关系。在法律领域中，劳资关系的显著特点是：第一，劳动者供应劳动力，而资方拥有生产资料或货币，因此双方在法律上享有同等的地位；第二，劳方和资方在市场上具有同等地位，并可以自由交易；双方通过平等交换的方式互相交换货币和劳动力的使用权；第三，雇主与雇员依据《劳动法》签订劳动合同，明确双方的权利和责任关系；第四，根据法律规定，雇主应当支付员工应得的劳动或服务报酬，并且有权利利用并获取员工的劳动力；而员工在遵守雇主规定并完成工作职责的情况下，有权获得工资报酬；第五，除了经济合同，雇主和雇员之间还存在内在身份伦理关系，这种关系显示出人身从属的特点。

在劳动者和雇主签订正式劳动合同之前，劳动者享有《劳动法》赋予的劳动权利，而雇主则拥有雇佣自主权。由于双方签署了具有身份从属特征的合同或契约，因此双方应遵守合同规定，享有相应的权利并承担相应的义务。在达成劳动合同之前，双方应遵守提前通知的义务，并如实披露各自的情况。员工应向雇主提供真实的个人信息，包括身份、教育背景、技能、年龄和健康状况。雇主需要明确告知员工工作职位、录取条件、薪资、工作内容、工作地点和职业危害等信息。在签订劳动合同时，应根据平等和公平的原则明确规定员工的职位、工作内容、在组织中的角色和地位，以及薪酬等方面的事项。如果一方没有准确地提供信息，导致另一方遭受损失或合同无法履行，那么应由违约方承担损害赔偿责任。

从劳动关系形成的法律程序来看，劳动者与资方建立劳动法律关系包括签约和执行两个相互独立但相互关联的阶段。缔约阶段发生在市场交易领域，劳动者

"在市场上，他作为'劳动力'这种商品的所有者与其他商品的所有者相遇"，其他商品的所有者作为资方通过合同获得对劳动者的支配权，而劳动者则以履行约定劳动义务的方式获得了工资报酬的请求权。劳资双方订立劳动契约后，劳动者与资方在法律上就形成了特定的契约关系与身份关系，成为资方企业利益共同体的一员。劳动者在获得工资报酬的情况下，有义务接受资方的统一指挥、协调、调遣和支配，向资方提供和给付劳动，履行约定的劳动义务。在这里，资方作为劳动者劳动力使用权的购买方，劳资双方一旦订立和履行劳动契约，则在法律上表明劳动者"劳动力的使用价值，即劳动力的使用，劳动，就属于资本家了"。劳动者向资方提供劳动的过程实际上是"资本家消费劳动力的过程"，劳动者的这种劳动是"从属于资本的协作劳动"。

如果说劳动者在签订劳动合同之前，劳动权对他来说仅仅是一种理论上的法定权利（如就业权、选择工作的权利和缔约权利），那么在签订劳动合同之后劳动者在工作过程中就必须遵守雇主的公司规章和纪律，服从雇主的统一管理和指导，按照劳动合同向雇主提供劳动，这就是劳动者需要履行的具体约定责任。换句话说，劳动者根据契约向雇主提供劳动，是在履行其法定义务。这一过程不仅是劳动者行使劳动权利的过程，也是履行劳动合同义务的过程。如果员工拒绝遵守雇主的内部分工、合作和管理安排，或者未能履行其合同约定的工作职责，雇主有权根据内部规章制度和劳动纪律对员工进行相应的内部处罚。

这表明法律在确保劳动权益方面的设定与保护，是为了确立并承认劳动者有权将自己的劳动力用于工作并获得相应的报酬，劳动者在与雇主平等协商劳动合同的过程中享有权利，并且有权根据自身的能力与资方进行市场交易的权利。因此，当我们探讨劳动权时，应仅限于在劳资双方的市场交易范畴内加以研究与反思，而不应将其扩展至劳动契约的实际执行领域，即劳动者按照劳动契约向资方提供生产劳动的范畴。当劳动者与资方就劳动条件达成一致后，可以认为劳动者的权利得到了保障。劳动者在执行工作时所提供的劳动并非一种特权，而是根据合同应尽的责任。

需要强调的是，劳动者将劳动力使用权转让给雇主，并非出售自己的全部所有权，更不是变成奴隶，因此，为了确保劳动者的劳动力得以持续利用且不受损害,为了保障其人格和身心健康不受侵犯,劳动者在履行劳动合同义务时,合法享有契约主体权利及公民或民事主体权利,这一过程中劳动者所拥有的各项权利被称为劳动者权利。

劳动者权利首先是指劳动者在作为公民和个体时依法享有的各项公民权和基本人权;其次是指劳动者作为民事主体所拥有的各项民事权益;再次是指劳动者从向雇主提供约定的劳动活动中获得工资报酬和生活必需品的权利,这是与劳动活动有关的相关权利之一。这些权利与劳动者的劳动权密切相关,因此可以被视为与劳动权紧密相关的基本权利。

劳动者在从事劳动时应当获得的基本权利有以下三点。

第一,工资权。工资权在法律上被视为极为重要的一项权利,《劳动法》对劳动者的这一权利采取了强制保护的立场。一方面,劳动法允许劳方和资方基于各自真实意愿,自主约定工资。劳动者根据劳动合同获得的工资权利,在《合同法》中被视为债权,资方有责任根据工资约定支付劳动者工资报酬。另一方面,考虑到员工的工资待遇直接关系到他们及其家人的生存状况,因此各国的劳动法都设立了最低工资保障制度,要求雇主支付的工资不得低于最低工资水准。如果雇主支付员工的工资低于最低工资标准,将需要承担行政处罚和民事赔偿责任。在这种情况下,工资权具有两方面含义:一方面是劳动者根据劳动合同所享有的权利,另一方面又是国家为了保障劳动者生存而给予的保障权利,同时也是由国家强制性立法规定资方必须履行的法定义务。

第二,人身权。就人身权的性质而言,它是劳动者在宪法规定下作为公民所拥有的基本权利,也可以称为劳动者在劳动关系中的基本权利的具体表现。就权利的级别而言,人身权地位高于劳动权。劳动者的劳动权和人身权是紧密相关的,它们之间存在着密切的联系并相互依存。在实践过程中,二者具有相互补充的特性。因此,资方必须尊重和保护劳动者的人身权,这是其法定义务。不论合同中是否有明确规定,资方都有责任保障进入劳动工作领域的所有劳动者的人身权、人格权等受到法律保护,不受损害。

第三,社会权利。劳动者作为社会的一部分,拥有的社会权利十分广泛,其中包括但不仅限于社会保障权、结社权等不同类型的权利。尽管劳动权没有包含上述权利，但劳动者所拥有的这些权利与劳动权之间紧密相关。

（三）劳动权的性质

简而言之，对于国家及政府而言，管理的最佳策略是避免任何形式的干预劳动力市场，通过自由放任的措施促进劳动力和资本的自由流通。劳动者在劳动力市场上应享有自由选择工作的权利，以及免受强制干预的自由，实际上这种自由本质上是消极自由。古典自由主义与新自由主义在劳动权理解上的差异，主要源于各自所处的不同社会背景，例如在古典自由主义时期并没有出现新自由主义者所强烈反对的垄断。对于劳动者的消极自由，一些国家已通过立法予以确认，如日本宪法保障劳动者的基本劳动权，并承认劳动者团体行动的正当性，规定不得对其进行压制或干涉。然而，劳动者在资本主义社会中处于弱势地位，法律的规定难以充分保障他们的消极自由，他们仍可能受到国家权力的干预或者压制。

自由权并非一成不变的教条，人们对其理解也需要与时俱进。在劳动权的性质上，我们需要对前人的自由主义劳动权理论进行深入的阐释和补充，还要进一步将劳动权纳入自由权的领域。劳动者不仅应享有免受强制干预的消极自由，还应享有积极的自由，也就是劳动者按自己意愿从事劳动并获得国家帮助的权利。为此，国家有义务通过立法的方式为劳动者的劳动权提供法律保障。从社会契约论的角度看，国家的存在是为了保障人民的共同幸福，因此它对其成员的幸福负有责任，而法律赋予国家行动和意志，以实现这一责任。捍卫劳动权，不仅是必要的，而且理应由法律来划定边界，因为法律的终极追求是人民的幸福。

此外，我们不可忽视的是，每个人的身体状况各不相同，特别是残疾人、妇女等群体，在劳动力市场上通常处于弱势地位。政府应平等地关怀和尊重每一位公民，因此对于这些弱势群体，政府应通过立法提供特别的保护，这体现了平等保护的原则。然而，一方面，我们呼吁国家减少对劳动力市场的干预，另一方面，我们又主张国家立法保障劳动者的积极自由，甚至为弱势群体提供特殊保护。这二者之间是否存在矛盾呢？这确实是一个值得深思的问题。针对劳动权立法，有学者提出了衡量准则，这一准则涵盖了两个核心要点：首先，劳动者普遍享有免受国家过度干预的自由；其次，国家在劳动权立法方面的介入应严格限定在维护国家与劳动者之间关系的范畴内，也就是说劳动权立法的核心目标在于明确并保障劳动者所享有的各项权益。

（四）女职工及未成年工特殊权益保护

1. 对女职工的劳动保护

考虑到女职工的生理结构以及在女性必经几个的特殊时期需要给予特别的照顾和保护的特点，同时，为了充分保障女性职工在工作中的权益，帮助她们克服因生理特性在劳动中所面临的特殊挑战，国家应从法律层面对女职工给予特殊的保护政策。迄今为止，涉及女职工特殊保护的法律法规主要有《劳动法》及劳动部的其他行政规章和各地的地方性法规。

（1）确保劳动权利

法律明确规定凡适合妇女从事劳动的单位，不得拒绝招收女职工，女职工与男职工实现同工同酬。确保女职工享有合法、公平的劳动权利。

（2）明确劳动禁忌

关于禁止女职工从事的劳动，国家作出了如下规定。

第一，矿山井下作业。指长期在矿山井下进行的各类劳动，而非临时性质的任务，如医疗人员进入矿井进行救治等。

第二，森林业伐木、归楞及流放作业。《上海市女职工劳动保护办法》规定女职工还不能从事以下工作：人工锻打、人工装卸、冷藏、强烈振动的工作。

第三，劳动强度达到《体力劳动强度分级》标准中第Ⅳ级的作业。这一标准将体力劳动强度分为四个等级，其中第Ⅲ、Ⅳ级代表高强度劳动。劳动强度指数由工种的平均劳动时间率和平均能量代谢率共同决定，指数越高，劳动强度越大，呈正比例关系。

第四，建筑业中的脚手架组装和拆除作业，以及电力、电信行业的高空架线作业。

（3）特殊期内的劳动保护

女职工有四个特殊的时期：经期、孕期、产期、哺乳期。处于这几个特殊生理时期的女性，特别需要保护。因此，法律又据此分别作出不同的保护规定。

①经期。

女职工在经期禁止从事以下工作。

第一，低温环境下的作业，如食品冷冻库内及冷水作业。

第二，《体力劳动强度分级》标准中第Ⅳ级体力劳动强度的作业。

以上规定旨在确保女性职工在工作中的安全和健康，减少她们因生理特点可能面临的风险。

②孕期。

对于处于孕期的女职工，应重视她们的工作环境和待遇。首先，单位不得让她们从事国家规定的第三级体力劳动强度的工作，也不得安排她们进行孕期禁忌的劳动。此外，孕期女职工的劳动时间也需得到保障，不得延长正常工作的时间，若因身体原因无法胜任原工作，应依据医务部门所开具的证明，适当减轻其工作量或调整至其他适宜的工作岗位。特别是怀孕7个月及以上的女职工，单位应尽量避免安排她们进行夜班工作，并确保她们在劳动时间内有适当的休息时间。

③产期。

女职工的产假应为90天，其中产前休假为15天。若遇到难产或多胞胎的情况，产假应相应增加。对于流产的女职工，单位也应根据医务部门所开具的证明，给予相应的产假。另外，如符合晚育条件的，则一般还可以在原来90天的基础上延长30天。

④哺乳期。

对于有不满1周岁婴儿的女职工，单位应在每班劳动时间内为她们提供两次哺乳时间。若为多胎生育，每多哺乳一个婴儿，每次哺乳时间将增加30分钟。这些哺乳时间和往返途中的时间，都应计入劳动时间。在哺乳期内，女职工同样不应被安排从事高劳动强度的工作和夜班工作。

此外，还明确规定在孕期、产期、哺乳期这三个时期内，不得降低女职工基本工资，用人单位不得依据《劳动合同法》第四十、四十一条规定解除劳动合同，同时女职工较多的单位应积极响应国家相关政策，建立女职工卫生室、哺乳室等，为女职工在生理卫生、哺乳等方面提供便利。所有与女职工怀孕、生产、哺乳相关的医疗费用，如检查费、接生费、手术费、住院费和药费等，若单位已缴纳医保，则由医保经费开支；若未缴纳医保，则由个人承担。

2. 女职工特殊假期的工资发放标准

对于女职工怀孕期间的假期，应分段计算，一般可划分为保胎假（医疗机构出具证明）、产前假（单位同意）、产假（正常生育、难产、多胎、晚育）、流产假、哺乳期、哺乳假（针对体弱儿）。产假期间的工资是按照原工资的100%发放，这是由国务院法规规定的，另外，假期工资的标准主要依据各地的地方性法规确定。

（1）保胎假

对于该假期无法律规定，一般不超过6个月，主要遵循医疗机构的证明。针对那些遵循计划生育政策怀孕的女职工，若经医师专业诊断需进行保胎休息，其休息时长将参照所在单位关于疾病待遇的相关规定来执行。因此，保胎假期间，女职工只能拿到病假工资。

（2）产前假

经单位同意一般在2个月时间左右。产前假的工资标准主要依据各地的地方性法规确定。例如，《江苏省女职工劳动保护特别规定》规定可以享受不得低于本人原工资总额80%的工资待遇。按照国务院的批准以及国家统计局发布的《关于工资总额组成的规定》文件，工资总额主要指的是各单位在一定时期内直接支付给本单位全部职工的劳动报酬总额。工资总额主要包括六个部分，具体如下：计时工资、计件工资、奖金、津贴和补贴、加班加点工资、特殊情况下支付的工资。

（3）产假

该假期分为正常生育假、难产假、多胎和晚育等情况，一般正常生育假期在90天左右；难产的增加15天；多胎的每多一胎增加15天；晚育的增加30天。

女职工在产假期间的工资照常发，即按100%工资发放。需要指出的是，女职工流产假的工资同产假工资一样，按全额支付。至于流产假的具体安排，根据劳动部发布的《关于女职工生育待遇若干问题的通知》规定，女职工在怀孕不满4个月时流产，将依据医务部门所开具的证明，享受15天至30天的产假；而怀孕满4个月以上流产的，则可享有42天的产假。而有些地方作了更加宽松的规定，如《江苏省女职工劳动保护特别规定》规定，妊娠3个月内自然流产，给予产假 30 天；妊娠 3 个月以上、7 个月以下自然流产者，给予产假 42 天；7 个月以上的，产假 90 天。

（4）哺乳假

哺乳阶段分为哺乳期、哺乳假两种形式。哺乳假不同于哺乳期，一般哺乳期是仍旧照常上班的，哺乳期为 1 年，按照 100% 工资发放工资。而哺乳假一般是针对生育体弱儿的情形才出现的休假，哺乳假期间的具体工资发放由各地方规定。因此，各地企业可以参考当地的女职工保护办法，对目前的企业的实际发放标准进行相应的调整。

3. *女职工特殊时期的法律保护*

考虑到女职工在生理周期上的特殊性，我国《劳动合同法》和《女职工劳动保护特别规定》等法律法规都采取了明确的保护措施。然而，在实践中，我们常发现一些女职工对这些保护政策产生了误解，个别女职工觉得怀孕或其他特殊生理状态就是"护身符"，因而有恃无恐地违反劳动纪律，甚至利用政策优惠后迅速离职。还有些女职工在入职时隐瞒怀孕事实，入职后再以此为理由要求企业保留其职位和薪资。这种情形无疑给企业带来了不小的困扰和损失。事实上，企业可以通过法律手段对自身的合法权益进行维护，并且企业在特定情况下仍有权解除劳动合同，且无需支付经济补偿金。这些情形包括：员工严重违反公司规章制度的；员工严重失职、营私舞弊，给公司造成重大损失的；员工与其他单位同时建立劳动关系，严重影响本职工作或经公司提出后拒不改正的；等等。

4. *对未成年工劳动保护*

在成长的道路上，未成年工如同初升的朝阳，他们正经历着身体与心灵的双重发育，为了保障他们在工作的同时不受伤害，法律为他们量身打造了特殊的"保护伞"，这一保护不仅基于他们正在发育的特殊性，也源于他们接受义务教育的需要。且从生理上看，未成年工正处于成长阶段，不适宜参加过度繁重的劳动或进入有毒、有害的工作环境进行劳作，因此特别建立了相关保护制度。

（1）健康检查

在未成年工踏上工作岗位之前，他们会接受一次全面的健康检查，这是对他们身体状况的初步了解。

工作满一年或年满十八周岁且距离上次体检超过半年的未成年工,将再次接受这样的检查。

健康检查并非随意为之,而是严格按照《未成年工特殊保护规定》中列出的《未成年工健康检查表》进行,确保每一项指标都包括在内。根据未成年工的健康检查结果,用人单位会为他们安排合适的岗位。若未成年工因身体原因无法胜任原岗位的工作,用人单位会按照医务部门开具的证明,减轻其劳动量或将其调整至其他岗位,这不仅是对未成年工身体的关爱,更是对他们的未来发展负责。

(2)劳动禁忌

在一些特殊的工作领域,未成年工是被严格禁止参与的。比如,接触生产性粉尘或有毒物质,以及高处作业、冷水作业、高温作业、低温作业等环境恶劣的岗位,或者劳动强度过大的作业,如矿山采石、森林伐木、地质勘探等。此外,接触放射性物质、易燃易爆物品,以及长时间保持强迫体位或高频率动作的工作,也都是未成年工不能涉足的领域。这些规定并非限制未成年工的发展,而是为他们筑起一道坚实的防线,让他们在成长的道路上免受伤害。健康是人生的第一财富,要确保每一位未成年工都能在法律的庇护下,健康、快乐地成长。

(3)保护登记

第一,当用人单位有意向招收并使用未成年工时,他们除了需满足常规的用工标准外,还需额外在所在地县级以上劳动行政部门进行专项登记,并且需获得该部门核发的专属的《未成年工登记证》。

第二,为了保障未成年工的权益,各级劳动行政部门将严格遵循《未成年工特殊保护规定》中第三、四、五、七条的相关条款,对未成年工的体检情况和被安排的劳动范围进行细致审核。

第三,未成年工在正式上岗前,必须持有由劳动行政部门核发的《未成年工登记证》,这一证件不仅是他们合法工作的凭证,也是对他们健康与安全的一种保障。

第四,《未成年工登记证》的印制工作,由国务院劳动行政部门统一负责,确保证件的规范性和权威性。

在未成年工正式上岗之前,用人单位也应承担相应的责任和义务,需要对他们进行全面的职业安全卫生教育和培训。同时，未成年工的体检和登记工作也应由用人单位统一组织，并承担相关费用，确保每一位未成年工都能在安全、健康的环境中工作。

5. 未成年工与童工的区别

未成年工是指年满十六周岁，未满十八周岁的劳动者，其不同于童工。根据我国法律规定，童工一般不满十六周岁，法律明确禁止企业雇用童工（从事体育等特招工种的除外），并由劳动行政部门实施监督和处罚管理职能。一旦发现，除了责令雇主在限定时间内将童工安全送返其父母或监护人身边，还将根据使用童工的数量和时间，实施高额罚款。具体而言，每使用一名童工，每月将处以一万元人民币的罚款。对于情节特别严重的雇主，还将提请工商行政部门吊销其营业执照，或由民政部门撤销其民办非企业单位登记，甚至依法追究其刑事责任。值得注意的是，我国的法律并未禁止未成年工在特定条件下参与劳动，反而通过法律法规的形式，为未成年工提供了一定的劳动权益保障。

6. 企业违反对女职工和未成年工劳动保护规定的法律责任

《女职工劳动保护特别规定》明确指出，当女职工的劳动权益受到侵害时，她们不仅有权向所在单位的主管部门提出申诉，也有权向当地劳动部门提出申诉，这些部门在接到申诉后的三十日内，必须作出相应的处理决定。若女职工对处理结果不满，可向人民法院提起诉讼，但是需要在收到处理决定书后的十五日内提出。对于侵害女职工劳动权益的单位负责人及其直接责任人员，政府部门根据其行为的严重程度，给予相应的行政处分，并责令该单位给予被侵害女职工合理的经济补偿。

此外，我国还建立了严格的监督机制。各级劳动部门负责检查女职工劳动保护规定的执行情况，各级卫生部门和工会、妇联组织也有权对该规定的执行情况进行监督。另外，用人单位对女职工造成损害的，应当承担赔偿责任。用人单位造成女职工身体健康损害的，除按国家规定承担治疗期间的医疗费用外，还应支付相当于医疗费用 25% 的赔偿费用。

《劳动法》中也有对用人单位违反女职工和未成年工保护规定的行为的处罚措施，若用人单位侵害了他们的合法权益，劳动行政部门将责令其改正，并处以罚款。若用人单位在用人期间对女职工或未成年工造成了损害，则该单位还应承担相应的赔偿责任。

在《违反〈中华人民共和国劳动法〉行政处罚办法》中，我们更是对具体的违法行为制定了详细的处罚标准。例如，若用人单位安排女职工从事矿山井下、国家规定的第Ⅳ级体力劳动强度的劳动和其他禁忌从事的劳动，或安排女职工在经期从事高处、低温等作业，除了责令其改正之外，还按每侵害一名女职工或未成年工罚款三千元以下的标准进行处罚。

（五）患病及非因工负伤员工劳动保护

企业对于因病或非工作原因受伤的职工，应当确保他们在治疗和康复期间享有充分的权益保障，这不仅是对员工的特别关怀，更是企业社会责任的体现。具体来说，企业应遵守相关法规，为员工提供休息和治疗的时间，并确保在医疗期内员工能依法享有应有的工资待遇。

1. 医疗期待遇和医疗保险

第一，医疗期。简而言之，就是员工因疾病或非工作原因受伤而需要停止工作进行治疗和休息的期限，在此期间企业不能随意解除劳动合同，《劳动合同法》明确规定了这一点。而《企业职工患病或非因工负伤医疗期规定》则更为详细地规定了医疗期的长短，根据员工在单位及实际工作的年限，医疗期可长达3个月至24个月不等。同时，这一规定也明确了医疗期的累计计算方法，确保了员工在医疗期时的权益得到切实保障。此外，对于一些患有特殊疾病（如癌症、精神病、瘫痪等）的员工，企业更应给予特别关注，他们需要的不仅是医疗期的保障，还有来自企业的关爱和支持。企业可以通过设立专门的援助基金、提供心理咨询等方式，帮助他们渡过难关，重新回归工作岗位。在医疗期的计算上，还应考虑到公休和法定节假日等因素，这意味着员工在享受医疗期时，无需担心因节假日而缩短其实际休息时间，这种人性化的规定，无疑增强了员工对企业的信任感和归属感。总之，企业应充分保障患病员工和非因工负伤职工的合法权益，为他们提供必要的医疗保障和工资待遇。这不仅是对员工的关爱和尊重，也是企业履行社会责任、构建和谐劳动关系的重要举措。在员工因病或非工作原因受伤的治疗过程中，若预计康复期超过 24 个月，经企业与劳动主管部门共同评估并批准，医疗期可适当延长。

第二，病假工资。依据劳动部发布的《关于贯彻执行〈中华人民共和国劳动法〉若干问题的意见》第五十九条，明确规定：在规定的医疗期内，企业应按照相关规定支付员工病假工资或疾病救济费。支付金额可以低于当地最低工资标准，但绝不能低于该标准的 80%。也就是说，病假工资与疾病救济费为选择性的支付方式，企业可根据实际情况选择其中之一，但无论如何选择，支付金额都必须满足不低于最低工资标准 80% 的要求。

第三，医疗待遇。《国务院关于建立城镇职工基本医疗保险制度的决定》（简称《决定》）第三条，明确划分了基本医疗保险统筹基金和个人账户的支付范围，实行分别核算的策略。《决定》不仅设定了统筹基金的起付标准（标准通常控制在当地职工年平均工资的 10% 左右），还设定了最高支付限额（标准控制在年平均工资的 4 倍左右）。起付标准以下的医疗费用，主要由个人账户支付或由个人自行承担；起付标准以上、最高支付限额以下的医疗费用，通常由统筹基金支付，但个人仍需承担一部分。对于超出最高支付限额的医疗费用，员工则能够通过购买商业医疗保险等方式进行补充，这样的设置旨在确保员工在面临疾病风险时，能够得到充分的医疗保障，同时也实现了医疗资源的合理分配和有效利用。在医疗保险的支付体系中，各地区需根据财政收支平衡的原则，设定具体的最高支付限额，以及个人在起付标准以上、最高支付限额以下的医疗费用负担比例，从而实现医疗资源的合理分配和有效利用。国务院在《关于完善城镇社会保障体系的试点方案》中明确指出，个人账户应该覆盖小病或门诊治疗费用，而统筹基金则承担大病或住院治疗的费用，这一划分旨在减轻患者的经济压力，同时确保医疗保险体系的稳定运行。从 1999 年初开始，我国正式启动了城镇职工基本医疗保险制度的建立工作，并在年底基本完成。各级地方政府按照中央决策，合理制定并及时上报医疗保险制度改革的总体规划，各统筹地区需严格遵循这些规划要求，确保医疗保险制度的顺利实施。在诊疗项目管理方面，各省劳动保障行政部门需根据国家基本医疗保险诊疗项目范围的规定，制定本省的基本医疗保险诊疗项目目录。这一过程中，可以采用排除法或准入法，明确哪些诊疗项目由医疗保险支付，哪些需由患者自行承担。同时，各省在国家规定政策的基础上，可根据实际情况适当增补或调整基本医疗保险诊疗项目目录，但调整幅度需严格控制，以确保医疗保险体系的公平性和可持续性。

第四，医疗保险体系。我国结合自身情况专门建立了社会医疗救助制度。有条件的企业可为职工建立补充医疗保险，提取额在工资总额 4% 以内的部分可从成本中列支。这一举措旨在为企业员工提供更全面的医疗保障，提高整体医疗保障水平。

2. 企业提出合同解除的约束

对于患病或非因工负伤的职工，企业在处理其劳动合同解除事宜的时候，相较于职业病和工伤情况，限制会较为宽松，根据法律规定，在医疗期内，企业是不得随意解除与这类职工的劳动合同的，只有医疗期结束，企业才有权依据具体情况考虑是否解除劳动合同。《劳动合同法》第四十条明确指出，在满足一定条件下，企业可以解除劳动合同。具体来说，当职工患病或非因工负伤，在规定的医疗期满后，若其身体状况已无法胜任原工作，且经过企业重新安排的工作也无法胜任时，企业有权提前 30 日以书面形式通知职工，或选择支付一个月的工资作为"代通知金"，进而解除劳动合同。也就是说，企业在行使这一权利时，需要满足以下三个条件。

首先，企业应提前通知职工或者选择支付"代通知金"。企业有权利选择是等到通知期限结束后再正式解除合同，还是直接支付"代通知金"并立即解除合同。

其次，企业提出解除合同的时间必须在医疗期结束后。在医疗期内，企业是不可以提出解除合同的。

最后，企业提出解除合同的前提是职工确实无法胜任原工作，且经过企业另行安排的工作也无法胜任。这里需要强调的是，企业不能故意安排不适合劳动者的工作或难度明显增大的工作，以迫使职工主动离职。

3. 确保企业提出解除劳动合同的程序合法

当劳动争议源于解除劳动合同的时候，举证责任落在用人单位一方。具体而言，用人单位需证明患病员工在医疗期满后无法继续履行工作职责。若用人单位无法提供有效证据，将面临举证不足的法律后果。所以，用人单位在解雇患病或非因工受伤员工时想要程序合法，应该在医疗期内妥善保留员工的医疗资料，包括但不限于病历、请假申请等。同时，企业也可通过考核法来客观评估员工，判断其医疗期后是否具备符合原岗位或新岗位的工作能力。病历、请假申请等资料将成为解除劳动合同的重要事实依据，同时也为证明员工医疗期满后无法复工提供有力支持。

二、劳动者义务研究

（一）劳动者一般义务分析

在劳动关系的持续期间，劳动者提供劳动力与用人单位支付劳动报酬是双方的主要义务。尽管权利和义务涵盖了诸多方面，但总体上都遵循着一条核心逻辑：劳动者需对用人单位保持"忠实"，而用人单位则需对劳动者尽到保护的义务。这一基本义务及其衍生出的各项权利，共同构成了劳动法律关系的关键内容。

从国际视角来看，"忠实义务"是雇员的基本职责。举例来说，按照英国普通法中的默示条款理论，雇员需履行以下义务：第一，服从合理指令；第二，合理地行使职权；第三，保持忠诚、诚实；第四，禁止竞争；第五，不滥用秘密信息；第六，不妨碍雇主业务，以及进行详尽报告。在加拿大，不管雇佣合同是否明确提及，保持忠诚、诚实都被视为雇员应当履行的基本职责。每个雇员都肩负着对雇主忠诚的责任，这份忠诚是雇员全心全意、坦诚无欺地为雇主服务的承诺。忠诚的内涵十分丰富，任何不诚实、损害雇主声誉或使雇员与雇主利益相冲突的行为，都被严格禁止。在德国的法律体系中，雇员的职责主要包括三个方面，具体如下：一是劳动义务；二是忠诚义务；三是竞业禁止义务。其中，忠诚义务又进一步细化为服从、保密及勤勉的义务，这些要素就某种程度来说是忠诚义务的核心。

首先，劳动者忠实义务的目标。忠实义务的目标就是确保雇主目标的顺利实现，为此劳动者必须恪守忠诚。法律确立这一义务，旨在进一步强调并保护雇主的权益。简单来说就是，这一义务的主要受益者是雇主，即用人单位。然而，这种保护是双向的，而非单向的，主要是在追求利益平衡以及倾斜保护的原则下进行的，劳动者要确保雇主所享有的利益是合法且值得保护的。同时，雇主也有责任对劳动者提供必要的保护，这是对劳动者忠诚义务的一种回应。这二者的平衡与互动，对于构建和谐的劳动关系，乃至社会的稳定与发展，都具有不可忽视的重要意义。

其次，劳动者忠实义务的主体。忠诚义务的承担者是劳动关系中的劳动者。这里的劳动者特指受雇于雇主的一方，而非雇主或其代表，他们之所以需要承担忠诚义务，源于其作为劳动者的身份，而非其他社会角色。例如，《公司法》的第一百四十七条明确指出，董事、监事、高级管理人员，应当遵守法律，行政法规和公司章程，对公司负有忠实义务和勤勉义务。此忠实义务，从根本上讲，并非基于劳动关系的约束，而是源自资本授权的经营关系与公司治理结构的内在要求，它实际上是一项法定义务，要求这些特殊身份的人员（尤其是雇主代表）在履行决策、监督等职责时，必须严格遵守忠实义务。此外，关于这里所探讨的"劳动者"，仅限于劳动法意义上的劳动者。对于那些不属于《劳动法》调整范围的群体，如公务员、农村劳动者等，则不在讨论之列。

再次，劳动者忠实义务的内容。忠实义务的内容主要是指劳动者为实现用人单位的合法权益而应当履行的各种行为，这些行为包括积极或者不积极作为的义务。从具体表现上看，忠实义务的内容涵盖了劳动者的服从、注意等多个方面，其适用范围不仅限于直接的劳动关系，还包括劳动关系的延伸部分。从性质上讲，这不仅是劳动合同的义务，也可能涉及侵权等私法领域，甚至可能触及公民言论自由等公法问题。忠实义务的履行贯穿了劳动关系的始终，甚至在劳动关系结束后的一段时间内仍然有效。

最后，劳动者忠实义务的渊源。忠实义务的产生既源于道德层面的要求，也有法律层面的支持。劳动法在一定条件下将道德义务转化为法律义务，要求劳动者在履行"忠实义务"的过程当中应该具备诚实、善意的内心，但是这一切必须在法律框架内行事。忠实义务的履行，除了需要个体的自觉与责任，适度的外部强制措施同样不可或缺，这包括了用人单位精心制定的劳动规章制度，以及严格实施法律等"他律"措施。这些外部力量的存在，从理论层面来讲，正是该义务得以稳固和执行的法理基石。

（二）劳动者特殊义务分析

在商海的波涛汹涌中，有一种无形的边界，有部分学者和专家将其称为竞业禁止，这并非物理上的界限，而是职业道德与法律精神共同构筑的壁垒。竞业禁止是指某些特定的个体，在追求个人利益的同时，必须尽可能避免涉足可能损害公司利益的领域。简而言之，就是不可为了一己之私，而涉足与自己职责相关的同类事业。

法律如同一张精致的网，将社会的各种价值标准编织在一起，形成了一个层次分明、井然有序的体系。而在劳动合同法中，竞业禁止制度如同一颗璀璨的明珠，它的价值不仅在于保护商业秘密，更在于维护市场竞争的公平与正义，确保每个竞争者都能在公平的赛道上奔跑，而不是通过不正当手段削弱对手，谋取自己的利益。从微观的视角看，竞业限制主要是针对每个竞争者的行为规范；而从宏观的视角审视，它则是市场秩序的"守护者"，具体而言就是竞业限制确保市场的正常运转不受不正当竞争的侵扰，使市场得到健康发展。然而，在这张法律的大网中，还有一种比较特殊的存在，那就是公司董事的竞业禁止，这并非单纯的竞争限制，而是建立在平等委任关系之上的忠诚体现。竞业禁止的目的，是防止董事的贪婪与自私损害公司的利益，虽然它也带有一定的竞争限制色彩，但那并非直接目标。深入探讨竞业限制和竞业禁止的时候，就会发现劳动者的竞业限制与公司董事的竞业禁止虽然同属于"竞业"的范畴，但却有着截然不同的内涵与外延。竞业限制和竞业禁止之间的差异，不仅是形式上的不同，更体现在价值观与责任感上。在商海中航行，企业管理者必须明确自己的方向，坚守自己的底线，唯有如此才能在竞争中立于不败之地。竞业限制和竞业禁止之间的不同具体表现如下。

第一，法律关系主体地位的不同。在探讨竞业限制与竞业禁止的差异问题时，需明确二者法律关系中主体的地位。根据我国《劳动合同法》的第二十三、二十四条，当涉及劳动者的竞业问题时，运用的是"竞业限制条款"或"竞业限制协议"的表述；而谈及公司董事的竞业问题时，则按照惯例称之为"法定的竞业禁止义务"。这种称谓上的不同，实质上体现了二者在法律关系上的本质区别，以及法律关系中双方主体地位的不同。具体而言，劳动者的竞业限制协议，基于劳动合同法律关系，其中劳动合同的本质属性体现在劳动者的人身从属性和经济从属性上，这决定了劳动合同双方主体在法律地位上的不平等性。相对而言，公司董事的竞业禁止义务则是建立在董事与公司之间的委任关系之上，双方的法律地位是平等的。因此劳动者的竞业限制应当纳入劳动法的范畴内并进行合理规范；而在处理董事与公司之间的权利义务问题时，应当参照《公司法》等民商事法律的相关规定。

第二，立法宗旨与目的不同。在探讨《劳动法》与《公司法》中的竞业限制与竞业禁止制度时，我们不得不深入研究其立法宗旨与目的。一方面，劳动合同的竞业限制制度，其表面意图在于守护雇主的商业秘密，然而当审视其深层逻辑时，会发现其立法初衷更多地倾向于保障劳动者的基本权利，如生存权和就业权。考虑到劳动者在法律关系中的从属地位，这一制度的首要目的实际上是对竞业限制的合理规范，进而才是对雇主合法利益的考量。另一方面，公司董事的竞业禁止制度，则聚焦于公司内部董事与公司之间的利益均衡，立法旨在促使董事履行对公司的忠实义务，将公司的合法权益置于首要地位。公司董事的竞业禁止制度确保了公司董事在行使其职权时，不会因个人利益而损害公司利益，确保了公司的稳定和长远发展。

第三，在主体适用范围上，竞业限制与竞业禁止也存在着显著的差异。《劳动合同法》第二十四条明确指出，竞业限制主要适用于雇主的高级管理人员、高级技术人员及其他负有保密义务的人员，这意味着竞业限制的前提条件是员工必须承担保密义务。而《公司法》第一百四十九条则明确规定，竞业禁止的主体为公司董事和高级管理人员。值得注意的是，《公司法》并不以董事等是否知晓公司商业秘密为前提，而是以其担任的特定职务为前提，直接明确其竞业禁止的义务，这一规定与董事的忠诚义务紧密相连，确保了董事在履行职责时，始终将公司的利益放在首位。通过对比这两项制度，可以清晰地看到，《劳动合同法》的竞业限制与保密义务紧密相连，而《公司法》的竞业禁止则与董事的忠诚义务紧密相连，这二者在立法宗旨、目的，以及适用主体上均存在显著的差异，体现了劳动法与公司法在保护劳动者权益与公司利益方面的不同侧重点。

　　第四，义务和责任的内容不同。从义务的角度看，劳动者在签订竞业限制条款后，其肩负的义务并非仅是简单的职业选择限制，它更是对商业机密和敏感信息的一种保密和保护，这份义务犹如一道隐形的屏障，在劳动者离职后仍需坚守，以确保公司的知识产权和商业利益不受任何侵犯。而用人单位的义务则体现在对劳动者的经济补偿上，这种补偿不仅是法律上的义务，更是对劳动者忠诚与付出的认可。从责任的角度看，当劳动者违反竞业限制协议时，则应该向用人单位支付违约金，若其行为给用人单位带来了实际损失，那么劳动者还需承担相应的赔偿责任。这不仅是对违约行为的惩罚，更是对商业道德和公平竞争环境的维护。此外，我国《最高人民法院关于审理劳动争议案件适用法律若干问题的解释（四）》第六条也对此进行了明确规定，若劳动合同或保密协议中提出了竞业限制，然而用人单位未按照约定给予经济补偿，劳动者在履行竞业限制义务后，有权要求用人单位按照其离职前十二个月平均工资的30%按月支付经济补偿，这一规定为劳动者提供了坚实的法律保障，同时也为用人单位设定了明确的责任义务范围。

　　公司董事的竞业禁止义务，不仅是对董事忠实义务的具体体现，更是对董事职业道德和职业操守的严格要求。董事作为公司的核心管理者和决策者，其行为举止直接关系到公司的利益和声誉。因此，董事必须严格遵守公司法所规定的"不得擅自披露公司秘密"的义务，以确保公司的利益不受损害。这种保密义务与竞业禁止义务实际上均是忠实义务的重要组成部分，且它与那些受雇于特定公司并订有竞业限制条款的劳动者所肩负的保密义务，有着微妙的差异。劳动者的保密义务主要侧重于对商业秘密的保护，而董事的竞业禁止义务则更多地涉及他们对公司忠诚度的体现。那么，当董事违反了竞业禁止的义务时又将如何呢？根据《公司法》的明文规定，公司有权行使一项名为"归入权"的权力。简而言之，这代表着任何董事因违反法律所规定的忠实义务而获得的收入，都将被公司收回。此外，如果这一行为给公司造成了实质性的损失，那么董事还需承担相应的赔偿责任。这样的规定，不仅是对董事行为的一种约束，更是对公司利益的一种保障。

　　第五，义务期间不同。在探讨竞业限制与竞业禁止的细微差别时，我们也应该注意二者在义务期间上的显著差异。劳动者的竞业限制的核心焦点主要集中于离职之后，虽然我国《劳动合同法》并不完全排斥在职期间的竞业限制条款，但通常而言这种限制是在劳动者离开工作岗位后生效，且《劳动合同法》明确规定这一期间不得超过两年。然而，对于董事而言，竞业禁止的义务主要贯穿其在职的整个时期，一旦董事离职，他们便不再承担直接的竞业禁止义务，但这并不意味着他们可以毫无顾忌。根据劳动合同义务和诚实信用原则，董事仍需承担保密的义务。如果公司认为有必要，可以和离职的董事签订竞业禁止协议，然而这样的协议与劳动者的竞业限制条款有着本质的区别，它是普通的民事合同，并不属于劳动关系的范畴。

第六，纠纷解决方式不同。劳动者的竞业限制条款属于劳动合同的一部分，而劳动者与用人单位纠纷的解决应当遵循劳动争议的处理程序，这包括严格按照《劳动法》《劳动合同法》等法律和相关法规进行调解和仲裁。在处理程序上，劳动仲裁是前置的，只有在对劳动仲裁裁决不服的情况下，才能向法院提起诉讼。对于董事的竞业禁止义务而言，因为这是《公司法》明确规定的义务，因此董事在不存在义务免除的情况下一旦违反，便需要承担相应的侵权责任。众所周知，董事与公司之间的关系属于委任关系，所以在纠纷解决上，原则上应当作为普通的民事合同纠纷案件，直接向人民法院提起诉讼。而当公司董事与公司之间就董事离职后的竞业问题签订了竞业禁止协议，并针对该协议产生纠纷时，如何选择解决程序便成为一个十分复杂的问题。对于这一问题的处理，审判实践通常存在两种意见。一种意见认为应当适用劳动争议处理程序，原因为公司法规定的竞业禁止义务主要是针对在职期间的法定义务，对于离职后的竞业禁止义务应由合同进行约定。除此之外，因为离职后的竞业禁止同样与董事的工作权发生冲突，所以应当将其视为劳动纠纷，直接适用劳动争议处理程序。也就是说，在这种情况下董事也要受到《劳动合同法》中关于竞业限制规定的约束，例如，经济补偿的条款、竞业禁止的具体时长以及地域范围的限制。一旦因竞业限制产生争议，劳动争议处理程序将作为前置步骤，其中包括劳动仲裁的介入。另一种意见认为，董事与公司的关系是基于委任的，本质上属于民事关系范畴，而非劳动法意义上的劳动者。因此，董事与公司之间签订的竞业禁止协议，其性质应被归类为民事协议，而非劳动合同。这也意味着，在处理这类协议引发的纠纷时，不能简单地套用《劳动合同法》，也不能采用劳动争议处理的程序性规定。一旦因竞业禁止协议产生争议，董事有权直接向法院提起民事诉讼。从这一角度出发，本书更倾向于第二种观点，即董事与公司的竞业禁止协议并不具备劳动合同的属性，因此不应受到《劳动合同法》的约束，其纠纷解决方式也不应局限于劳动争议的处理程序。然而，这两种意见各有其合理之处，在具体实践中，还需要根据案件的具体情况和法律规定进行综合考虑。

第三节 劳动者社会保障权

一、社会保障权的性质

社会保障权主要指的是劳动者在遇到失业、疾病等生活困境时，享有我国政府相关部门提供必要的物质援助和保险保障的权利。狭义的社会保障权实际上指的是社会保险权，这是生存权不可或缺的一部分。生存权是个人的生命免受非法剥夺的权利，更代表着生命得以延续和发展的权利，它是权利史上的重要里程碑，象征着第三代人权的崛起。生存权的本质与社会紧密相连，它体现了社会的连带性，从权利的主体内容到实现方式，再到法律救济的方法，都深深地烙印着这种连带性的特征。生存权在多个文献中均有出现，如在《世界人权公约》中的含义是"每个人，作为社会的一员，有权享受社会保障"[1]。联合国在《经济、社会和文化权利国际公约》中规定："本公约缔约各国承认人人有权享受社会保障，包括社会保险。"[2]

社会保障权的观念的演进轨迹清晰可辨，其从"自由权"逐渐转向了"社会权"，调节机制亦随之由私法领域悄然转向社会法的精细调控。追溯权利演进的脉络，近代宪法的理论基石根植于社会契约论与自由放任主义。此自由放任之风的盛行，实为资本主义萌芽时期"以经济建设为中心"的必然产物。伦理层面的自由主义、经济领域的自由放任与宪法中自由权本位深刻交融，共同勾勒出了资

---

[1] 任帅军. 人权问题、理论与实践 [M]. 天津：天津人民出版社，2023：156.
[2] 任帅军. 人权问题、理论与实践 [M]. 天津：天津人民出版社，2023：162.

本主义初期的独特社会风貌。然而，自由权如双刃剑，在激发了个人与社会组织的创造力与自主意识的同时，其锋芒亦在不经意间触碰了资本主义发展的微妙平衡。随着资本主义步入垄断的深水区，企业版图不断扩张，法人制度遍地开花，贫困与失业的阴霾却愈发沉重，工人阶级与资产阶级间的鸿沟日益加深，对立之势日趋明显。法律所颂扬的契约自由，在无产阶级眼中却转变为了"失业与生计双重困境下的无奈之选"。面对此番困境，资本主义制度内部的张力与矛盾日益凸显，迫使国家不得不挺身而出，承担起保障就业、根除贫困、构建社会保障体系的重任。这一转变，不仅是对自由放任主义的深刻反思，更是对资本主义未来发展路径的重新定位。

在工业化时代，无论是个人责任时期的家庭保障，还是雇主责任时期的过错责任负担，均难以有效应对全局性及整体性的社会风险。因此，随着社会的演变和无产阶级的崛起，社会共同责任的理论应运而生，这一理论不仅强调了人与人之间的连带性，也凸显了国家对保障公民生存权的责任和使命。当谈及社会保障与国家角色的演变，不得不提起德国在 19 世纪末期颁布的"保险三法"，这不仅是社会保障体系建设法律层面的重要举措，更是对社会保障理念的深刻阐释。20 世纪初，在凯恩斯理论的启发下，英美等国家开始大规模地介入经济活动，特别是对雇佣关系的调整，这一调整具体体现在劳动基准的广泛制定、工会的正式认可和培育等。这一系列变革，实际上是对"福利国家"理念的深刻体现与实践。福利国家不仅是国家对公民生存保障的一种积极承诺，更是国家主导下的社会保障体系之一，福利国家一方面关注经济的繁荣，另一方面还关心每一个公民的福祉，确保他们能够在国家的庇护下，享有基本的生活保障和尊严。因此，可以说福利国家的理论与实践，既是对国家积极义务的体现，又是对公民生存权利的一种保障。

二、社会保障权的特征

（一）权利主体的具体化与差别化

在普通法的背景下，社会保障权的主体不再是泛指的公民，而是侧重于"社会弱者"，"社会弱者"是指即使竭尽所能，仍无法维持最低生活水平或维持一定的收入的个体，包括贫困者、失业者等。在普通法体系中，这些"社会弱者"享有的社会保障权包括社会救助权、社会保险权等。回顾我国社会保障制度的演进，从时间维度来看，社会保障权的主体会因职业领域、地域不同呈现一定的差异性。

（二）义务主体的多元化

社会保障权的义务承担者囊括了国家机关、各类社会组织及个体公民。在政府引领的社会保障框架下，确保社会保障权最终落实的责任主体，不仅局限于国家行政机关，也涵盖了那些被赋予行政职责的社会组织群体。而当社会保障权尚处于初级阶段时，义务主体大多为个人及其所属单位或就业场所。当前，全球社会保障制度正步入转型期，福利国家的概念逐步被福利社会的理念所取代。在这一背景下，非政府组织在多元化福利保障体系中的地位日益凸显，成为社会保障权最终落实的重要载体。

（三）权利内容的复杂化

社会保障普通法作为界定个人、国家机关与社会组织间权利与义务的法律规范，核心精髓在于全面覆盖社会保障权益维护的各个环节。需要注意的是，个体在社会保障权尚处于期待权阶段时，不仅拥有对所在单位缴费行为的监督权，还享有提出正当诉求的权利，而当社会保障权处于终端实现阶段，即个人符合社会保障的法定要求时，他们便有权向专门处理社会保障事务的机构或社会组织提出申请，从而进一步获取必要的物质援助或者特定的社会服务。社会保障权还能进一步细化为社会救助、社会保险等具体法律权利，并且每项权利所牵涉的法律关系有着较大的差异性，因此其自然权利的内涵也各有千秋。

（四）权利属性的兼容性

就本质而言，社会保障权既体现了财产权利的特质，又体现了人身权利的核心。其中，人身权利源于公民对生存的渴望，与其个体身份紧密相连，不可分割，且无法转让。而财产权利则是公民为确保生存必须获得的某种财产利益。

（五）权利救济手段的双重性

当人们的社会保障权受到威胁或其实现受阻时，常用的救济途径有以下两种，一是行政救济，二是司法救济。按照我国相关法律，社会保障领域的争议被明确界定为行政争议与劳动争议两大范畴。其中，行政争议的解决路径多采用复查、行政复议等行政救济手段；劳动争议则倾向于通过协商、调解等更为灵活的方式解决。

三、社会保障权的规范效力

站在宪法视角审视，社会保障宪法权利的规范效力核心在于其是否具备可诉性；在普通法领域这一规范效力则聚焦于社会保障权的救济途径与实现方式。社会保障权与社会保障宪法权利规范效力存在明显的不同，前者本质上是"主观权利"，它意味着当此权利遭遇侵害或受阻时，有清晰和具体的程序法体系，为权利受损者提供及时有效的法律救济。

在我国法律实践中，社会保障权的救济机制与争议的具体类型紧密关联。根据现行法律制度，社会保障争议细分为两大类型，分别是社会保障行政争议和社会保障劳动争议，其中前者多发生于劳动保障行政部门、社会保险经办机构在行使管理职能过程中，以及个人、组织间产生的法律纠葛；后者通常以用人单位与劳动者为主体，是基于劳动关系而产生的社会保险权利与义务分配问题。这些问题在当前环境下经常引发激烈的争议，它们不仅涉及劳动者的权益保护，也关系着用人单位的责任与义务。在探讨这些议题时，我们不得不深入思考如何确保劳动者在遭遇工伤后能够得到及时、合理的补偿，同时也要考虑到用人单位在保障劳动者权益方面所应承担的责任。

在社会保障体系的运作中，行政争议的妥善处理是维护公民社会保障权的关键一环，这一过程常通过精心设计的行政程序来实现，包括复查与行政复议等，它们共同构成了社会保障权利救济的坚实防线。具体而言，根据2001年劳动和社会保障部发布的《社会保险行政争议处理办法》明确规定，当个人对社会保险待遇的核定标准心存疑虑，或认为社会保险经办机构在待遇支付、调整等方面的决定有违公正时，法律给予了他们两条清晰的救济路径：一是直接向劳动保障行政部门提出行政复议申请，由行政部门审查并纠正可能的错误；二是采取更为温和的方式，向作出该行政行为的经办机构申请复查，给予其内部自我纠正的机会。若复查结果未能平息争议，申请人仍可继续向劳动保障行政部门申请行政复议，通过更高级别的行政审查来维护自身权益。此外，对于社保经办机构实施的其他具体行政行为，若公民认为自身的合法权益受到了侵害，同样享有向直接管辖该经办机构的劳动保障行政部门提出行政复议的权利。这一制度，旨在确保每一个行政不当行为都能得到及时、有效的监督与纠正。值得注意的是，当社会保障行政争议触及法律底线，且属于人民法院的受理范畴时，申请人还享有直接向人民法院提起行政诉讼的权利，这一司法救济途径，为公民提供了具有强制约束力的解决方式，确保了社会保障权利救济体系的完整性和有效性。由此可知，社会保障行政争议的处理机制，包括复查、行政复议乃至行政诉讼等多元化、多层次的救济途径，为公民社会保障权的实现提供了强有力的法律保障，这一机制不仅体现了国家对公民权利的尊重与保护，也彰显了法治社会下行政权力运行的规范与透明。在立法依据方面，除了上述《社会保险行政争议处理办法》，还有《中华人民共和国社会保险法》(以下简称《社会保险法》)、《工伤保险条例》等法律文件，共同为社会保障具体权利的行政救济和诉讼救济提供了法律支撑。

　　对于社会保障劳动争议而言，用人单位与职工因履行社会保险而引发的争议，通常被视为劳动争议。在处理这类争议时，关键途径是用人单位内部的协商与调解，这一系列举措是民事解决程序的基石。《劳动法》与《中华人民共和国劳动争议调解仲裁法》(以下简称《劳动争议调解仲裁法》)明确指出，当用人单位与职工产生争议时，双方应首先采用协商与调解的方式解决。倘若无法有效协商，或双方心有不甘，再或和解之约成空文，未能如约履行，当事人可向调解组织申请调解；若调解无果或不愿调解的情况下，则可进一步选择劳动争议仲裁或民事诉讼作为解决途径。《劳动争议调解仲裁法》第四十七条，明确引入了一种"一裁终局"的制度安排，这意味着一旦仲裁裁决作出，即为终局裁决，具有法律效力。然而，若劳动者对仲裁裁决持有异议，其仍享有在收到仲裁裁决书之日起的十五日内向人民法院提起诉讼的权利。对于这样的终局裁决，用人单位则无权再向人民法院提起诉讼。

在浩瀚的法律海洋中，社会保障权如一座灯塔，指引着人们在生活的风浪中稳健前行，然而这座灯塔的亮度与方向，不仅取决于其自身的光芒，更依赖于它背后坚实的法律规范与救济途径。在探讨社会保障权的规范效力时，我们应该将其与救济范畴紧密相连。因为，正是救济途径的明确与多样化，赋予了社会保障权更多的生命力和执行力。社会保障争议的分类，就像一幅细致的地图，标示着权利救济的多元路径，可以说对社会保障救济途径起着决定性的重要作用。在我国，社会保障争议纷繁复杂，既有公民个人与社保经办机构之间的行政纠葛，也有职工与用人单位之间的权益摩擦，而这些争议不仅涉及法律层面的权利与义务，更关乎社会的公平与正义。特别值得注意的是，在用人单位与职工这对关系中，双方的地位差异悬殊，加之我国现今十分严峻的就业形势，使得职工处于弱势地位。因此，努力建立健全行政争议解决机制，并且通过各种有效方式进一步强化行政争议的解决力度，成为保障社会保障权实现的必要之举。作为社会保障权实现的主要途径，社会保障行政就像一艘巨轮，承载着权利人的希望与期待，简单来说就是社会保障权的保障与实现，通常情况下是通过行政主体的管理监督等实现的。然而，一旦这艘巨轮出现偏航或故障，权利人又该如何寻求救济呢？此时，行政复议与行政诉讼便成为权利人的重要武器，它们像两把锋利的剑，斩断了阻碍社会保障权实现的荆棘。不管是社会保障行政的依法执行，还是程序法的事后救济，社会保障权的实现都离不开普通法的合理制定与全面实施。然而，在实践中我们也必须面对一些特殊的社会保障争议。根据江苏省高级人民法院《劳动争议案件审理指南》及最高人民法院《劳动争议司法解释（三）》第一条的规定，某些社会保险争议并不属于人民法院受理劳动争议案件的范围。

第一，当用人单位未为劳动者建立保险关系但可补办时，劳动者要求用人单位补办的请求将不予受理。

第二，当用人单位已为劳动者建立社会保险关系，但欠缴或未足额缴纳社会保险费的情况下，劳动者要求补缴的请求也将不予受理。此时，劳动者应当向社会保险机构或相关行政部门申请解决。

第三，对于已达到退休年龄的参保人员，可在补足基本保险费和依法缴纳滞纳金之后，再按规定享受养老保险待遇，即通过行政救济途径解决，不属于劳动争议。

第四，针对劳动者提出的关于增加社会保险险种、补足缴费基数或变更参保地的诉求，不予受理。

第五，当劳动者与用人单位就养老保险缴费年限产生争议时，此类争议并不属于人民法院的受理范畴。

这些规定或许让一些人感到困惑与不解，但它们的背后却蕴含着法律的智慧与公正，旨在确保社会保障权在法律的轨道上稳健前行，为每一个劳动者提供更加坚实的保障。

四、社会保障权的城乡比较

从社会保障的层面来看，法律渊源体系体现了中央指导与地方落实相结合的层次结构。通常情况下，中央层面会依据现实情况合理、科学地制定宏观政策指导方案，随后地方层面会依据这些指导方案，结合本地实际情况，对具体的实施方案进行合理制定。以中央层面的社会救助和社会保险为例，城乡社会保障法律渊源体系在具备共性的同时，也展现出明显的差异。

结构尚不完善是城乡社会保障法律渊源体系的共性，法律效力层次相对较低，特别是在法律层面的构建上显得尤为薄弱，除了缺少统一的社会保障法覆盖城乡，也缺乏针对具体子项目的社会救助法、社会保险法等专门的立法。

在探寻城乡社会保障法律渊源体系的差异时，不难发现二者之间存在着鲜明的城乡二元结构特征，这种特征在项目内容的表现上尤为显著。首先，观察城镇社会保障法律渊源体系，可以发现它如同一座城堡，几乎涵盖了社会保障的所有重要领域，在这座城堡中可以看到由国务院精心规划与颁布的行政法规，如《失业保险条例》《工伤保险条例》等，它们如同坚固的城墙，守护着城镇居民的福祉。此外，还有劳动与社会保障部颁布的部门规章，如《企业职工生育保险试行办法》《企业年金试行办法》等，它们如同城堡内的精密机制，确保社会保障体系的顺畅运行。其次，研究农村社会保障法律渊源体系时，可以发现该体系的项目内容残缺不全，仅有两部行政法规:《农村五保供养工作条例》和《农村敬老院管理暂行办法》，以及一部民政部颁布的部门规章:《县级农村社会养老保险基本方案（试行）》。

总之，上述分析仅是基于传统的法律渊源理论进行的。实际上，法的表现形式还有"硬法"与"软法"之分，这一热点讨论可以使我们更深层次的认识和了解社会保障法律渊源体系。其中，"软法"就像是一股无形的力量，无须由国家强制保障实施，即便其效力架构尚显稚嫩，却能在社会中产生实际效用，这便是法律柔性力量的体现。同时，社会保障的具体内容也随着时代的进步而不断更新。从性质层面来看这些文件均属于非法律渊源体系的规范性文件，这些文件如同"软法"的触角，深入社会的各个角落，引导着社会保障制度的不断完善和发展。在浩渺的政策海洋中，那些指导地方政府与社会保障部门行为的规范性文件，仿佛星辰和灯塔，指引着"软法"不断发展，同时这些规范性文件一方面具备了"软法"特有的魅力，另一方面更在实质特征上与之紧密契合，如同指南针为各级政府和相关部门的决策提供了清晰的导向，引领着社会保障的航船在波涛汹涌的政策海洋中稳健前行。在普适性上，政策文件又如同弹性十足的橡皮筋，法律效力松紧不一、强弱不等，既能适应不同地区、不同情况的差异，又能保持一定的普遍适用性。值得一提的是，"软法"特征明显的政策文件，共在位阶层次上并不明晰，它们的创制方式与制度安排更具备活性，能够富有弹性地应对着实践的各种需求。然而，正如星光不能照亮夜空中的每一个角落，这些具有"软法"特征的政策文件也因缺乏法律强制力而无法直接赋予人们社会保障权，它们更像是一把钥匙，开启了各地方在具体实施过程中进行社会保障权立法或者其他相关立法的大门，从而直接导出相应的社会保障权，这一过程如同探险者在迷雾中寻找宝藏的轨迹，虽然曲折，但每一步都充满了希望与期待。

五、社会保障权的救济途径

在我国，社会保障权的法律救济体系构建得相当全面，这一体系从多个维度确保了公民权益能得到充分保障。社会保障权的法律救济有多种途径，具体如下。

首先，强调政府在法律救济中的核心地位以及最终责任，这不仅意味着公法程序成为我们构建救济途径的重要基石，也表明不可将基于劳动关系的社会保险争议以及政府应尽的职责，完全交由劳动者去承担。社会保险经办机构作为代表，应该向用人单位发出依法履行的特定行为通知，明确告知用人单位应该履行的社会保险账户登记、缴费等义务，并对可能产生的法律后果作出清晰解释。若用人单位对此有异议则可向相关部门提起行政复议，甚至行政诉讼，这种诉讼虽然属于公法范畴，却带有公益诉讼的鲜明特征。

其次，劳动者作为社会保障的核心群体，当其权益受到侵害的时候，自然享有向社会保险经办机构提起行政复议的权利。若用人单位存在未办理个人账户登记、欠缴等违规行为，劳动者可要求经办机构履行相应的征缴义务；若对社会保险的被保险人和受益人资格确定有异议，或对经办机构核定的给付数额、计算标准有异议，劳动者都可以提起行政复议，并在必要时进一步提起行政诉讼。

最后，在探讨社会保险待遇的分配机制时，政府的作用尤为关键，它不仅是这一机制的坚实后盾，更是最终责任的承担者。面对因第三方侵权行为而产生的工伤保险案例，社会保险基金应为受害者提供及时的经济援助，确保其基本的日常生活不受影响。这一先行支付的行为，不仅体现了社会保障制度的温度，也为后续的法律追偿行动奠定了坚实基础。社保经办机构或经法律明确授权的机构，将紧随其后，向责任方发起追偿，这样才能为基金池补充资金，保障更多人的利益。这一系列的制度设计，确保了公民在享受社会保障权益时，能够得到及时、有效的法律救济。

第三章 劳动合同管理

在探讨我国劳动管理制度的精髓时，劳动合同制无疑占据了举足轻重的地位，它不仅是市场经济中求职者与用人单位之间建立劳动关系的法律基石，更是双方权益得以充分保障的重要凭证。《劳动法》第三章中，对于劳动合同的签订有着明确的阐述，这凸显了劳动合同在现代企业管理中所发挥的重要作用。本章主要介绍了劳动合同的订立、劳动合同的履行与变更、劳动合同的解除与终止。

第一节 劳动合同的订立

一、劳动合同订立的条件

（一）劳动合同订立的概念

劳动合同的订立是确立劳动关系的关键。企业劳动合同的订立是指企业与员工经过相互选择、协商一致，以书面形式依法签订协议，确定劳动合同内容，同时通过明确双方的权利、义务和责任，劳动合同为劳动者和用人单位劳动关系的建立提供了法律保障，使得双方的权益都能受到保护。而《劳动合同法》则进一步细化了劳动合同的相关规定，即劳动关系的建立需要订立书面劳动合同，若已建立劳动关系但没有同时订立书面劳动合同，用人单位应在用工之日起一个月内完成书面劳动合同的签订。这一规定确保了劳动关系能够及时、合法地建立。同时，《劳动合同法》第八十二条也明确指出了用人单位的责任，若用人单位自用工之日起超过一个月不满一年未与劳动者订立书面劳动合同，应向劳动者每月支付二倍的工资。这一规定无疑是对用人单位的严格约束，也是对劳动者权益的有力保障。

（二）劳动合同订立企业应具备的条件

1. 依法成立，具有法人资格

劳动合同制不仅是我国劳动管理制度的重要组成部分，更是市场经济条件下保障劳动者权益、促进劳动关系和谐稳定的重要法律手段。《劳动合同法》第二条还明确指出，中华人民共和国境内的企业、个体经济组织民办非企业单位等组织与劳动者建立劳动关系，订立、履行、变更、解除或终止劳动合同，适用本法。这一规定进一步明确了该法的适用范围，确保了各类用人单位和劳动者都能受到法律的公平保护。这就要求用人单位作为劳动合同其中一方主体必须是依法成立的，具有法人资格。现实生活中，有些企业在筹建过程中就开始招聘劳动者，开始用工行为，但是由于某些特殊原因，申办的企业没有获得批准，所以就会形成不具备主体资格的用工行为。这种用工行为没有办法订立劳动合同，形成劳动关系，而是形成了劳务关系，这在新申办的教育、卫生、食品等行业中比较突出。

2. 必须具备一定的经济基础

在构建和谐的劳动关系中，确保劳动者得到应有的报酬是至关重要的。一旦用人单位与劳动者签订了劳动合同，必须按照约定及时、足额地支付劳动报酬，这是保障劳动者权益的基本准则。如果用人单位不具备经济实力，该发工资的时候不能为劳动者发放工资，那么劳动者可以无条件提出离职。如果用人单位不能履行支付劳动报酬和其他各项社会福利待遇的义务，劳动者将离开用人单位，企业将不能进行生产。

3. 具有健全的组织机构

对于现代企业或用人单位而言，进行企业劳动关系管理必须依靠相应的管理部门。企业劳动关系的管理部门可能是人力资源部、生产部、销售部等，也可能是为了加强员工参与管理而设立的职工董事、监事制度或工会等。企业的成立也需要具有完善的制度与章程。只有建立健全的组织管理机构，才能更有效地组织员工进行生产经营活动，并依据劳动合同的规定各自履行自己的义务，享受权益。

4. 能够独立承担民事责任

企业具有独立法人资格，就表明了企业能够以自身的名义独立享受民事权利和承担民事责任。如果用人单位与劳动者发生劳动争议，那么劳动者申请仲裁或向人民法院起诉就必须以用人单位的名义，而不是以人力资源部经理或其他某个部门的名义。如若劳动者侵犯了用人单位的权益，那么用人单位也只能以用人单位的名义而非劳动者所在部门的名义进行申诉。用人单位的法人也要在其职权范围内进行活动。

5. 按照法律规定，出示法定代表人证明

用人单位作为依法成立、具有法人资格的主体，那么其权利的行使需要通过机构或代理人来实现，这个代理人就是法人。订立劳动合同时，用人单位应当由法人签字，加盖用人单位的公章。依照法律或法人组织章程规定，代表法人行使职权的负责人，是法人的法定代表人。国有企业、集体企业的法定代表人是企业的厂长、经理；联营企业的法定代表人由联营双方在联营合同或章程中确定，是企业的董事长或总经理；股份制企业的法定代表人由企业章程确定，一般是该企业的董事长。

用人单位只有具备了以上条件才能作为用人单位主体与劳动者订立劳动合同，其所订立的劳动合同才受到《劳动合同法》的保护。如若不符合条件则只能通过《合同法》来解决。

（三）劳动合同订立劳动者应具备的条件

1. 达到法定劳动年龄

劳动者的年龄也是劳动关系中不可忽视的因素。根据我国法律，公民的最低就业年龄为十六周岁，任何单位都不得雇佣未满十六周岁的公民从事工作，否则将面临法律的制裁，这是为了保护未成年人的身心健康和合法权益。

对于某些可能危害未成年人健康、安全或道德的职业或工作，我国《劳动法》设定了更为严格的年龄限制。例如，禁止雇佣未满十八周岁的劳动者从事过重、有毒等作业，以确保未成年人的安全与健康。当然，某些特殊行业由于其特殊性质，可能不受此年龄限制，但这也必须遵守国家明文规定。

2. 身体健康状况满足要求

根据劳动合同履行原则里的亲自履行原则，劳动义务的给付必须由劳动者亲自进行，因此要求劳动者必须满足健康状况的要求。例如，有些劳动者虽然达到法定就业年龄，但是由于患有精神方面的疾病，不具备完全民事行为能力，就不能作为一个正常的劳动者进入用人单位。除了年龄限制，劳动者的健康状况和劳动能力也是劳动关系中的重要考量因素。例如，患有传染病的人由于可能会对他人的健康构成威胁，通常不被允许从事餐饮业等直接面对消费者的职业。

3. 具有人身自由并能正常享有劳动权利和履行劳动义务

劳动者除了要履行劳动合同义务，还必须具备行为自由的权利，只有具有行为自由的公民，才能以自己的行为去参与劳动，因此被依法剥夺人身自由的公民，如被劳动教养、被判处有期徒刑的人是无法与用人单位建立劳动关系的。若劳动者因违法行为被追究刑事责任，用人单位也有权解除与其的劳动合同。综上所述，建立和谐的劳动关系需要用人单位和劳动者共同遵守法律法规，尊重劳动者的权益，确保劳动关系的公正、公平和合法。

4. 能够在法定的时间内提供劳动

这一规定主要是为了防范劳动者同时与几个用人单位建立劳动关系。如果用人单位对于工作时间没有要求，那么有较多空闲时间的劳动者就可以去从事兼职。

二、劳动合同订立的原则与流程

在《劳动合同法》中，合同的订立及其变更必须遵循公平、自愿和协商一致等基本原则，且当事人的行为不得与现行法律法规相违背。一旦劳动合同按照法律程序订立，即刻具备法律上的强制力，各方当事人需严格履行合同中规定的各项义务，以确保合同的顺利执行并保障双方的权益。

（一）劳动合同订立的原则

1. 合法原则

在劳动合同中，合法性是确保有效性的重要基石，这里所指的"合法"，不仅是一个简单的词汇，它还要求劳动合同的主体、内容等必须符合法律法规的规定。

第一，劳动主体合法。主体合法就是用人单位与劳动者，二者都必须符合法律的要求。用人单位需具备相应的资格与条件，而劳动者亦需满足法定的年龄、健康等基本要求，也就是要求用人单位与劳动者都要具备主体条件。

第二，劳动合同的内容合法。内容如同劳动合同的灵魂，必须纯净而合法。依据《劳动合同法》第十七条，劳动合同中应包含九项核心要素，这些要素可以说是合同的"骨架"。其中，法律对某些条款有着明确的规定，比如合同的期限，何时应当选择固定的期限，何时又应是无固定期限的，都需严格遵循法律的规定。再如工作时间、劳动报酬等，每一项都需符合国家的标准。一旦劳动合同的内容触碰了法律的底线，它便失去了法律的保护，并且当事人也将面临法律的制裁。

第三，劳动合同的形式合法。除非特定的全日制用工，劳动合同都应以书面形式呈现，这是法律对劳动合同形式的要求之一。若以口头形式订立，一旦发生争议，法律将不承认其效力，如《劳动合同法》第八十二条所述，若用人单位在用工之日起超过一个月不满一年未与劳动者订立书面劳动合同，则需每月支付劳动者两倍的应得劳动报酬，这是法律对用人单位不遵守劳动合同形式规定的惩罚。在劳动合同中，合法性如同明亮的灯塔，为我们指引着方向，因此无论是用人单位还是劳动者应该共同遵循法律的规定，让每一份劳动合同都充满正义与公平。

第四，劳动合同订立的程序合法。程序合法主要体现为双方当事人在意思表示一致以后，通过协商订立书面劳动合同，并各执一份劳动合同文本，以保证各自的权益。

2.平等自愿原则

在劳动合同的缔结过程中，我们常提及的平等自愿原则，实际上蕴含着深刻的内涵，具有两层不同的含义，分别是平等原则和自愿原则。

首先，平等原则强调的是在劳动者与用人单位共同商讨并签订劳动合同的过程当中，双方在法律上地位应当是平等的，他们之间并无尊卑、从属之别，也非简单的命令与服从、管理与被管理的关系。这种平等，确保双方能够坦诚交流、真实表达各自的意愿。然而，一旦劳动合同正式签署，劳动者便成为用人单位的一员，需遵守其规章制度，此时双方的地位自然产生了某种程度的差异。但需要注意的是，这里所说的平等，更多的是在法律层面及在合同订立的过程中追求的平等与尊重。而在我国，由于劳动力市场的供需不平衡，很多劳动者在现实中的地位可能难以与用人单位的地位真正平等。但即便如此，用人单位在签订劳动合同时，也不能凭借其优势地位，强加给劳动者任何不平等的条件。

其次，自愿原则的核心在于劳动合同的签订应当是劳动者与用人单位双方真实意愿的体现，是双方经过充分协商、达成共识的最终结果。从是否签订劳动合同、选择哪一家用人单位，到劳动合同的形式、期限及具体内容，都应当基于双方的自愿与协商。根据自愿原则，任何单位都无权强迫劳动者签订他们并不愿意接受的劳动合同。这样的自愿原则，既体现了对劳动者尊严的尊重，也保障了劳动关系的和谐稳定。

3. 公平原则

公平原则在劳动合同的订立中是十分重要的存在，它要求劳动合同的内容不仅要合法，更要公平与合理，确保劳动者和用人单位的权利和义务在平等的基础上得到明确界定。在法律的框架内，劳动合同双方有权根据自身情况，在最低法定标准之上，自愿协商并达成更为细致、更为公平的条款，这种公平不仅是体现在字面上的均衡，更在于双方权益的实质平衡。因此，我们常说合法只是基础，而公平合理才是劳动合同的终极目标。根据公平理论，公平的感觉都是通过对比得来的，如当劳动者在工作中发现另一位同事与自己处于相同的岗位，拥有相似的资历和才能，然而薪资却有天壤之别，抑或发现自己尽管具有卓越的才能，收入却仍落后于某些能力稍显逊色的同事，心中便会涌起一股难以名状的不公之感，这种感觉如同一块重石压在心头，让人质疑这世界的公平与正义。还有，用人单位在与劳动者协商服务期时，投入较少却要求与劳动者订立较长的服务期，或者对于劳动者在一定时间内的工资结构规定过于刚性，对于成长中的劳动者来讲是不公平的。尽管这些行为并未直接触犯法律的硬性规定，但它们不仅缺乏合理性，也缺少公平性。甚至在某些情况下，一些用人单位利用自身的强势地位，强迫劳动者在劳动合同签订过程中接受一些不平等条款。公平原则不仅是社会伦理道德的体现，更是劳动合同订立的重要基石。通过公平原则，可以有效遏制劳动合同当事人，特别是用人单位，滥用其优势地位，从而保护劳动者的合法权益，这有助于维护双方利益的均衡，并为构建和谐稳定的劳动关系打下坚实的基础。

4. 协商一致原则

协商一致原则在劳动合同的订立中占据着十分重要的位置，协商一致指的不是用人单位和劳动者达成简单的口头协议，而是双方通过深入交流，对劳动合同的每一项内容都精心考量，从而确保双方意见的高度统一。劳动合同作为双方协商一致的最终结果，背后是劳动者与用人单位平等对话、协商的过程。无论是劳动者还是用人单位，都不能单方面地施加压力，将自己的意愿强加于对方。真正的协商是双方在平等的基础上，就劳动合同的每一项条款进行充分的讨论，共同解决分歧，直至达成共同的意愿。在劳动合同的起草过程中，用人单位和劳动者都应细致入微地审视每一个细节。用人单位提供的格式化劳动合同文本，虽然为劳动者提供了基本的框架，但其中的条款更多地倾向于保护用人单位的利益，而对劳动者的权益则可能描述得较为模糊。因此，劳动者在签署合同时，必须仔细阅读合同条款，对于不利于自己的部分要勇于质疑，并争取通过补充协议等方式来保障自己的权益。协商一致的劳动合同，不仅是双方共同意志的体现，更是双方信任与尊重的基石，并且劳动者与用人单位都要忠实地履行各自的职责，共同为构建和谐稳定的劳动关系而努力。

5. 诚实守信原则

诚实守信原则在劳动关系中处于核心地位，这一原则不仅包括用人单位的诚信，也包括劳动者的诚信。简单来说，就是在建立劳动合同的时候，用人单位和劳动者都应诚实、恪守信用，坚决杜绝任何形式的欺诈行为。《劳动合同法》规定，当用人单位招聘劳动者的时候，必须真实、全面地告知劳动者工作内容、劳动报酬等关键信息。同时，用人单位也有权了解劳动者与劳动合同直接相关的基本情况，而劳动者则应当如实提供这些信息。双方都应坦诚相待，不得有任何隐瞒。然而，在现实中我们不难发现一些用人单位在描述工作内容时含糊其词，或者提供的工作条件与之前的承诺大相径庭。同样，也有一些劳动者为了获得更好的职位或待遇，提供了虚假的学历或工作经验，这些行为无疑都违背了诚实信用的基本原则。此外，值得一提的是，许多大学毕业生在寻找工作时，会与用人单位签订三方协议。这一协议不仅涉及毕业生、用人单位，还涉及学校等多方利益。因此，在签订这样的协议时，各方更应坚守诚实信用的原则，确保信息的真实性和准确性。然而，有些毕业生在签订三方协议之后又有新的更好的机会时，就会毁约，不到用人单位上班，有些情节更恶劣的是用人单位把所有工作都已经安排好了，临上岗时劳动者在通知用人单位不去了。虽然三方协议不等同于劳动合同，但这也违反了诚实信用原则，对于毕业生及毕业生所在学校的声誉都有很大影响。

（二）劳动合同订立的流程

劳动合同订立的流程如图3-1-1所示。

在劳动合同订立的流程中有以下四点需要注意。第一，用人单位在发布招工信息的时候，需要明确招工条件及用人单位的相关信息。用人单位需要把要招收的工种、对象、人数、需要携带的材料、报名的时间和地点、联系人等相关信息通过招聘简章的形式体现出来，以免劳动者投递无门。例如，某企业的招聘广告是这样写的："本公司招聘司机1名，男性，初中以上文化程度，有意者请于3月4日下午3点到公司面试。"在这个招聘广告里，我们可以发现求职者将不知道联系谁，也不知道到哪里面试，同时也不知道公司是什么公司。招聘广告也是用人单位推广自身的好机会，所以在这一过程中一定要把公司的名字打出来，将自己的公司地址等关键信息写出来。

第二，在发布的招聘广告中一定注意不要有歧视性的语言。有些用人单位喜欢在招聘广告里面写"限男性""限女性""限本地户口"等具有歧视性的语言。法律赋予了男女平等的就业权，在择业的过程中就不能人为地划分"限男性""限女性"的岗位。如果由于身体或其他因素限制只能用男性或女性的，那么求职者自身也会考虑相关因素。而对于户口的限定则带有区域性歧视，在当前城乡一体化的发展过程中，再出现这种语言，肯定是不妥的。

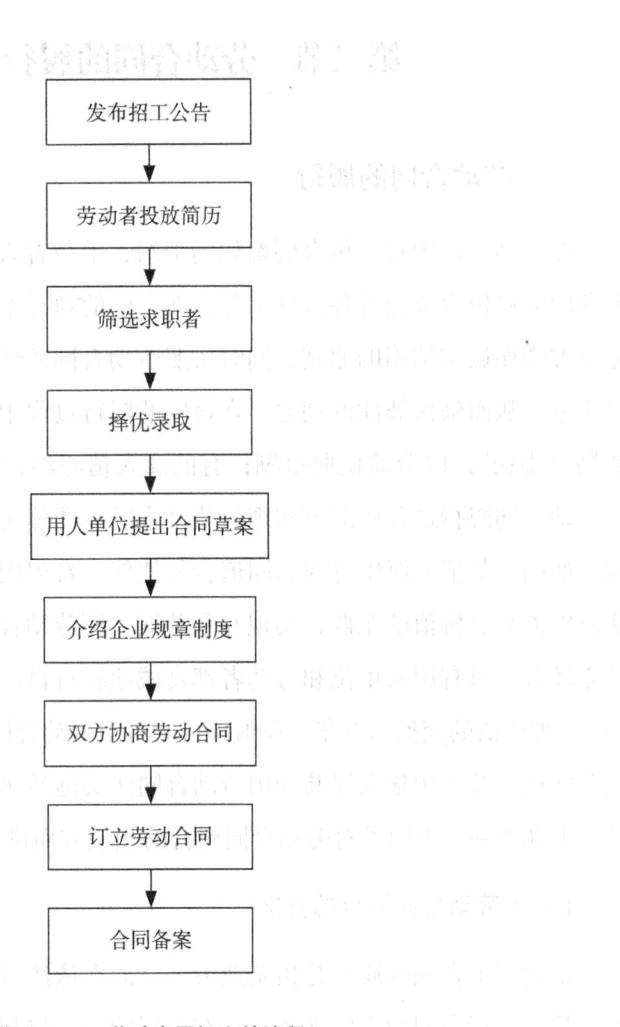

```
发布招工公告
   ↓
劳动者投放简历
   ↓
筛选求职者
   ↓
择优录取
   ↓
用人单位提出合同草案
   ↓
介绍企业规章制度
   ↓
双方协商劳动合同
   ↓
订立劳动合同
   ↓
合同备案
```

图 3-1-1 劳动合同订立的流程

第三，劳动者在投递简历的过程中要注意简历本身的真实性。在现实生活中经常出现的情形就是有些应聘者为了满足用人单位的要求，提供虚假的学历或工作经验。这对于劳动合同的订立来说都是影响巨大的。

第四，用人单位向劳动者介绍本单位的规章制度是一个让求职者了解本单位的过程，用人单位必须将自己单位的重要的、与求职者切身利益相关的规章制度告知求职者，以便于求职者在这一过程中作出选择。

第二节 劳动合同的履行与变更

一、劳动合同的履行

在劳动关系中每一份合同都如同契约,承载着人们之间的信任与期待。劳动者和用人单位应该履行各自的义务,而合同的履行不仅是字面上的承诺兑现,更是双方遵循诚实信用的原则,同时按照劳动合同的性质、目的等履行协助、保密等义务,从而确保彼此的利益。在合同的履行过程中,我们可以发现有的劳动者辛勤"耕耘",以劳动换取报酬;有的商人精心经营,以智慧赢得利润,这些都是劳动合同履行过程中双方实现价值交换的具体体现。人们通过磋商订立劳动合同,如同在茫茫人海中寻找志同道合的伙伴,希望用自己某种具有价值的东西去换取别人具有价值的东西,实现互利共赢。而劳动合同的履行,则是这一过程的核心环节,只有用人单位和劳动者都真诚地履行自己的义务,才能实现合同的目标,实现价值的交换与升华。我国现行的对于劳动合同履行的规定主要体现在《劳动合同法》及《中华人民共和国劳动合同法实施条例》。《劳动合同法》的第三章第二十九条到三十四条对劳动合同履行的相关方面进行了规定。

(一)劳动合同履行的含义

企业劳动合同的履行是指企业劳动合同在依法订立以后,企业依据合同约定的条款,履行合同约定的义务,享有合同约定的权利,致使企业劳动合同所产生的劳动法律关系得以保持的过程。

《劳动合同法》中明确指出,一旦劳动合同按照法律程序订立,即产生法律上的约束力,这意味着用人单位与劳动者双方均须严格履行合同中规定的各项义务。同时,《劳动合同法》对于劳动合同的履行有着更加具体和详细的规定,劳动合同双方当事人应当严格遵循事先达成的书面约定,全面履行各自的权利和义务。劳动关系的履行内容应在劳动合同中详尽地以书面形式呈现,并在有任何变动时,通过书面的劳动合同变更来进行调整和确认,从而确保劳动关系的稳定和双方的权益得到保护。

(二)劳动合同履行的类型

企业劳动合同的全面履行是指劳动者与用人单位在签订劳动合同之后,自用工之日开始,双方要严格按照合同约定的全部条款,各自履行自己的权利与义务。也就是说,劳动合同当事人双方必须按照合同约定的时间、期限、地点,用约定的方式,按质、按量全部履行自己承担的义务。

企业劳动合同不完全履行也被称为劳动合同的部分履行,是指在实际履行的过程中企业或员工只完成劳动合同规定的一部分义务。实践中经常出现的就是用人单位与劳动者可能会协商缩短工作时间的同时降低劳动报酬。

劳动合同不履行是指企业或员工未按劳动合同的规定履行自己应承担的义务的行为;企业劳动合同单方不履行是指企业或员工一方履行了劳动合同规定的自己所应承担的义务,而员工或企业的另一方则没有履行劳动合同规定其所应承担的义务。

(三)劳动合同履行的原则

1. 实际履行原则

实际履行原则在合同法的语境中,指的是一旦用人单位和劳动者达成协议并签署,双方均须按照合同载明的条款和条件,切实履行各自的权利与义务,不得擅自变更或替代。劳动合同的实际履行是一项法律原则而不是出现劳动争议后的救济手段。劳动者具有人身自由,不能强制其履行劳动合同,用人单位也不能要求劳动力质量自始至终保持一致。在劳动合同履行过程中,合同的双方主体需要根据契约精神履行劳动合同规定的内容,当出现合同与实际履行不一致时,按照实际履行为准。例如,有些用人单位与劳动者约定了工作内容,但实际由于生产经营需要把劳动者安排到了另外的工作岗位上,那么实际工作的履行就以完成的工作为依据,当发生劳动争议时,按照实际履行作为基础。实际履行有时也作为确定劳动关系的基础,先于劳动合同的订立。

2. 亲自履行原则

亲自履行原则是指合同签订以后,由当事人本人亲自履行合同。在特定情况下若法律允许或合同双方达成共识,第三方亦可代为履行合同,但这样的替代行为不得与合同性质相悖或违反双方事先的约定。在此类替代履行中，第三方并不是合同的主当事人，而是作为债务人的辅助者参与其中的。

劳动合同的亲自履行原则简单来说就是劳动合同的双方——劳动者与用人单位，均须亲自履行合同中规定的各项义务，未经对方许可，任何一方不得委托他人代为履行。亲自履行原则由劳动合同的本质所决定的，即劳动者提供劳动力，用人单位使用这些劳动力，这种直接的人身属性决定了合同义务必须亲自履行，不得转让或替代。

3. 正确履行原则

正确履行原则也被称为全面履行原则，是劳动合同当事人在适当时间、适当地点以适当的方式按照合同中约定的数量和质量，全面履行合同中约定的义务。正确履行包括三个方面的内容：一是履行主体符合要求，即合同订立的双方当事人亲自履行合同，而不能由第三人代为履行，如果当事人双方另有约定的，从其约定；二是标的适当，即当事人双方交付的标的物、提供的劳动符合合同约定。例如，对于工资的发放应该是以货币形式，而不能用其他标的物代替；三是履行的方式和履行地点适当，按照劳动合同约定的数量、质量、规格等履行，不得部分履行或不经协商的变更履行。

4. 诚实信用履行原则

诚实信用履行原则是指合同双方主体应当根据诚实信用的原则履行合同约定之外的一些随附义务，如保守商业秘密、爱岗敬业等。虽然双方主体没有就该义务进行约定，但在履行劳动合同时双方应当按照法律法规的有关要求，根据合同的性质、目的和交易习惯履行随附义务。随附义务主要包括：①通知义务，即当事人在履行合同中有义务将相关重要事项、情况如实告诉对方，特别是因客观原因必须变更合同或者因不可抗力致使劳动合同不能履行的情况；②协助义务，即合同双方主体应当相互协作，共同协作完成劳动合同约定的任务，在合作的过程中要像对待自己的事一样对待合作方，尽量配合对方完成任务；③保密义务，双方主体在履行合同中对属于企业方的商业秘密或者劳动者的个人信息要进行保密，不得对外泄露；④提供条件义务，在履行合同的过程中，需要为对方履行合同创造必要的、方便的条件；⑤止损义务，履行劳动合同时，因某些特殊原因致使当事人遭受损失，在条件允许的情况下应该积极采取措施防止损失扩大，不论是否由自己引起。

（四）劳动合同履行中止

1. 劳动合同中止的含义

合同中止是履行合同中的一种特殊状态，即出现相关情形暂停合同履行的情况。劳动合同在履行的过程中，也会出现劳动合同履行中止的情形。《劳动合同法》没有明确规定劳动合同中止期间劳动者与用人单位权利和义务的关系，一些学者认为劳动合同中止期间双方保留劳动合同关系，但是对于双方之间的权利与义务存在不同的观点。部分学者的观点是劳动合同的中止通常是由于法定或约定的情形出现，导致合同暂时无法继续执行，待这些情形消失后，合同将恢复执行，这种中止不同于合同的终止或解除，后者意味着合同关系的完全结束。还有学者认为，劳动合同中止制度是履行合同过程中，用人单位或者劳动者因某些原因暂时无法履行各自义务，而一旦这些原因消除，双方仍需继续履行合同。这种情形在改革开放初期较多，很多在岗人员选择"停薪留职"下海经商，这就是典型的因为劳动者个人原因导致劳动合同中止的情形。

2. 劳动合同中止的特征

（1）双方存在劳动关系

劳动合同要中止的前提条件是双方之间已经建立了劳动关系，并且已经按照合同内容开始履行劳动合同。一方面，劳动者提供了劳动及一些附随义务，相应的用人单位也承担了支付工资，以及为劳动者提供劳动条件和劳动保护等义务。另一方面，劳动合同履行尚未完毕或者双方主体在特殊情况下没有协商解除劳动合同关系，若劳动合同已经履行完毕，则劳动合同中止的情况不存在。双方主体没有劳动关系的存在就不能使用劳动合同中止制度。

（2）劳动合同中止的情形是特定的

由于法律没有对劳动合同中止的具体情形作明确的规定，因此学界与律界对于劳动合同中止有多种说法，如协商中止说、推定说、单方中止说、法定条件中止说、约定情形中止说等。其实总体来讲，劳动合同中止是法定或者约定情形的中止，只有用人单位和劳动者因为某些原因无法履行合同的时候，才可中止劳动合同。

（3）劳动合同中止期间暂停双方的权利和义务

一方面，在劳动合同履行过程中，雇主通过支付报酬换取劳动者的劳动，用人单位购买劳动力维持其经营生产，在这一过程中，双方达成合意，各自获取利益，交换劳动力和工资报酬；另一方面，劳动力在使用过程中不能与劳动者分立，因此劳动者在提供劳动的过程中让渡自身的人身权利，同时用人单位也负有保护劳动者人身安全的义务。而在劳动合同中止期间，双方的这些权利和义务关系、财产人身关系也相应暂停。劳动合同中止一方面能够满足企业寻找适合的、稳定的员工队伍的需要，降低因频繁地解聘员工而带来的风险，节省因培养新员工造成的时间成本；另一方面也解决了劳动者因特殊原因出现时必须离开岗位的困境，成为维系双方劳资关系的一种过渡性措施。

3. 劳动合同中止的原则

（1）倾斜保护原则

在劳动合同中止的过程中，倾斜保护原则显得尤为重要，这意味着无论出于何种原因导致的合同中止，都应优先保护劳动者的合法权益，同时这也是《劳动合同法》的核心立法目的，旨在确保劳动者在劳动关系中的基本权益不受侵害。倾斜保护原则主要是由于在如今激烈的劳动力市场上，用人单位处于较为强势的地位，可能利用自身的权利侵害劳动者权益。但倾斜保护原则不是说不保护用人单位的合法权益，而是指在调整劳动关系的过程中，适度向劳动者权益倾斜，并不能因此而损害用人单位的合法权益。

（2）平等自愿原则

平等自愿原则是指劳资双方主体在订立合同中享有平等自愿的权利，劳动合同的中止同样也是平等自愿下的真实意思表示。根据相关法律精神，在劳动合同履行过程中可以由双方协商劳动合同的履行形式，以及在什么情况下需要劳动合同中止。用人单位和劳动者在不违背法律规定的前提下可以平等自愿地表达意思，在劳动合同履行的过程中，共同约定合同中止的相关事项。

（3）法无禁止皆可为

法无禁止皆可为指的是在法律的框架内，个人的权利是受到充分保障的，这意味着只要法律法规没有明确禁止的范围，个体便有权自由行使自己的权利，而不会受到法律的干预。当我们将法无禁止皆可为应用于劳动合同的履行过程中时，可以清晰地看到，只要双方当事人在不违背法律法规的前提下，通过协商达成一致，便能够约定劳动合同中止的特定情形。

二、劳动合同的变更

（一）劳动合同变更的含义与特点

1. 劳动合同变更的含义

至于劳动合同的变更，法律并未给出明确的定义，只是强调了双方协商一致的重要性，并要求变更内容需以书面形式呈现。学者普遍认为，劳动合同的变更可以分为广义和狭义两种。

广义的劳动合同变更主要包括两个方面，其中一个是劳动合同内容的变更，另一个是劳动合同主体的变更，前者指的是在合同当事人不变的情况下，劳动合同中的权利和义务发生变化；后者是指劳动合同关系保持不变，但权利人和义务人发生更换。例如，当公司合并或分立时，劳动者与原公司的劳动合同关系并不会消失，而是由新的用人单位继续承担原合同中的权利和义务。然而，对于劳动者本身是否能成为变更的主体，法律并未明确规定。因为《劳动合同法》中规定，当用人单位合并或分立的时候，劳动合同中的权利和义务可以继承，这也意味着用人单位作为劳动合同主体的可变性。

狭义的劳动合同变更则专指合同内容的变更，这种变更发生在劳动合同已经生效，但尚未履行或尚未完全履行的阶段。用人单位和劳动者可以根据法律规定的条件和程序，协商修改或变更合同内容，这一过程充分体现了合同法的自治原则，同时也保障了双方当事人的合法权益。在探讨劳动合同变更的问题时，我们需要明确的一个重要前提是，只有当劳动合同处于有效且尚未履行完毕的状态时，才存在变更的可能性。如果劳动合同尚未订立，那么自然无从谈起变更；若合同已经履行完毕，即合同所规定的各项条款和义务均已得到执行和满足，那么变更也就失去了实际意义。因此，无论是合同未订立还是已履行完毕，都不会涉及劳动合同变更的问题，这一逻辑也让我们进一步掌握和了解了劳动合同变更的适用范围。

2. 劳动合同变更的特点

根据劳动合同变更的含义，劳动合同变更具有以下特点。

第一，劳动合同变更的内容只能是劳动合同的部分内容，不是所有内容都能变更的。虽然刚才劳动合同变更的广义含义提到，劳动合同变更可以变更企业主体，但是作为劳动合同的另一方主体——劳动者，则没有专门的相关规定，不能纳入劳动合同可以变更的内容。由于劳动合同履行的亲自履行原则，如果变更劳动者，则表示劳动合同由他人代替履行。

第二，劳动合同变更的时间应是劳动合同正式订立之后，且劳动合同尚未履行或尚未完全履行之时。如果劳动合同没有订立，那么就没法进行劳动合同的变更；一旦劳动合同所规定的各项条款和条件均已全面履行，用人单位和劳动者的权利和义务均已实现，那么也就无需进行劳动合同变更。

第三，劳动合同变更后，受到影响的只是劳动合同尚未履行的部分，劳动合同变更不会对劳动合同已履行的部分造成影响。

（二）劳动合同变更的类型

1. 约定变更

劳动合同订立以后，由于某些特殊原因，企业经与劳动者协商同意，可以变更原订立的劳动合同。约定变更是双方协商一致的结果。我国《劳动法》第十七条与《劳动合同法》第三十五条都强调，约定变更要遵守平等自愿和协商一致的原则。实践中很多用人单位在与劳动者订立劳动合同时既明确约定了劳动者的工作地点、工作岗位及工资待遇等必要内容，又约定了用人单位有权根据实际经营的需要作出变更劳动合同内容的决定，并约定劳动者必须服从。在约定可以调整劳动者工作岗位时，应该约定得比较具体，在哪些具体情况下可以做什么样的调整，这样的约定更具有操作性，同时也便于审查相关约定是否存在侵害劳动者权益的情况，是否有失公平。

2. 法定变更

在特定情况下，如法律明文规定，劳动合同的变更可能会因一方的要求而变更。此时，另一方在接到变更要求后，需依法进行变更。特别值得注意的是，劳动合同法定变更的情形主要包括两种。一是劳动者因伤病导致的劳动合同变更。具体来说，当劳动者因患病或非因工负伤，在医疗期结束后仍无法胜任原工作时，用人单位有权依法对劳动合同进行调整。若调整后的岗位仍无法胜任或劳动者拒绝调整，则用人单位有权选择解除劳动合同。二是劳动者不能胜任工作的情况所形成的劳动合同变更，即劳动者因个人能力不胜任工作的情况。在这种情况下，用人单位可先尝试通过培训或岗位调整来帮助其提升能力，若经过努力后劳动者仍无法胜任工作，用人单位则有权依法解除劳动合同。

（三）劳动合同变更的内容

《劳动合同法》约定了劳动合同的内容包括必备条款及可以约定的其他条款。理论上讲，只要是劳动合同中的内容就是可以变更的。

1. 工作内容的变更

劳动合同中的工作内容，尤其是岗位问题，是劳动者在日常工作中的核心部分，既包括劳动者不胜任工作时候调整工作岗位，又包括管理过程中的用人单位安排的工作进一步扩大化、丰富化，还包括劳动者因表现优异而职务升迁。工作岗位的不同往往会形成不同的薪资报酬、不同的劳动条件与工作环境，甚至影响劳动者的社会地位与自我价值的实现。有学者认为，劳动者在与用人单位签订劳动合同时，不可能对以后履行劳动合同过程中会出现的问题考虑周全，因此把劳动力使用权通过用人单位经营管理权赋予了用人单位。还有的学者则认为，工作岗位的调整不属于法律探讨的领域，是用人单位在人事运作上对自由裁量权的运用，只要用人单位没有滥用自由裁量权，法律就不能干预。

2. 工作地点的变更

工作地点是劳动者履行劳动义务的地方，是由于用人单位规模的不断扩大，以及经营业务的不断拓展所形成的。学者普遍认为工作地点的变更须征得劳动者同意，因为异地工作可能会造成夫妻分居、子女无人照顾、老人不能就近赡养的问题。现实生活中，对于企业为了扩大经营规模，在全国各地设立分支机构或办事机构而进行的工作地点变化，《劳动合同法》并没有作明确的规定，而工作地点的变更可能导致劳动合同的相应变更，这一问题在实践中仍有待进一步的规范和明确。

3. 工作报酬的变更

工作报酬是用人单位在劳动者付出体力或脑力劳动以后，根据其所创造出的价值所给予的物质报酬，是劳动者价值的体现。一方面，劳动者进行劳动是希望通过劳动获得维持生计的物质条件；另一方面，用人单位也可以通过工作报酬激励劳动者，达到奖勤罚懒的目的。在实践中也会存在用人单位因经营状况不良导致企业现金周转不畅，从而不能及时足额发放工资的情况，所以调薪问题时有存在。用人单位调整劳动者的工作报酬主要是由于4种情况：①工作岗位发生变化而导致的薪酬变化；②劳动者报酬正常的增长；③用人单位激励措施；④用人单位经济效益情况。用人单位在调整劳动者薪酬的时候一定要注意：一是要与劳动者协商，征得劳动者同意；二是不能影响劳动者的正常生活。

（四）劳动合同变更的原因

第一，订立合同所依据的法律法规已经修改或者废止。在岁月的流转中，法律条文也会因时代的变迁而悄然改变。原本订立合同所依赖的法规，如今有的已被新法替代，有的则已退出历史舞台。《劳动合同法》明确指出了当客观环境发生颠覆性的变化，使得原有的劳动合同无法如约履行时，用人单位和劳动者应该对变更劳动合同进行重新协商。客观情况的重大变化就包含法律法规的修订或废止。例如，实践中遇到关于劳动合同中工资待遇的规定，当遇到最低工资标准发生变化时，如劳动者工资待遇低于新法标准，则应该适时变更劳动合同中关于工资待遇的约定。

第二，企业方面的原因。在经济发展中企业的变更与重组时常发生，企业变更主要表现为合并、分立等，与此同时也应该对劳动合同的相关内容进行相应的变更。实践中经常出现的就是劳动者原来在一个用人单位从事某一工作，但因经营的需要，该岗位撤销，劳动者此时只能与用人单位协商变更工作岗位的部分内容。

第三，员工方面的原因。员工方面的原因主要包括劳动者无法胜任工作岗位、劳动者能力已超过工作岗位的要求、劳动者身体健康条件发生变化等。例如，实践中劳动者由于身体方面的原因不能从事某一工作，特别是某些疾病生产作业有一定的影响。

第四，客观方面的原因。客观方面的原因主要是指自然灾害、战争等所引起的，不可归责于劳动合同双方当事人的情形。例如，在疫情防控期间，很多用人单位没法复工，造成劳动合同无法履行或者履行已没有必要，在此情况下，需要对劳动合同进行变更。

（五）劳动合同变更的原则

劳动合同在订立的过程中不能考虑到未来太多的变化性，变动性就成为劳动合同的特点之一。

1. 协商一致原则

劳动合同的变更应该在《劳动合同法》的框架内进行，这部法律，赋予了用人单位和劳动者在一定范围内对劳动合同内容进行变更的权利，更是对双方权益的保障。但是这种权利的实现需要体现双方的真实意思，不存在欺诈、胁迫、乘人之危的情况，而且不能在变更中违反法律法规的规定，以及影响国家、社会或其他第三人的合法权益。

2. 有利性原则

对于劳动者来说，劳动合同的变更可能是双刃剑。一方面，它可能带来利益的增加，让劳动者在新的岗位上获得更多的回报；另一方面，它也可能带来利益的减损，让劳动者面临新的挑战与压力。但无论如何，只要这种变更对劳动者有利，我们就称之为"有利变更"，这种变更不仅符合保护劳动者合法权益的精神，更是对劳动者实际利益的一种尊重。只要劳动者没有明确拒绝，那么无论用人单位以后以何种理由，都不可以否认劳动合同已经实际变更，并否认变更后合同的效力。而对于劳动者不利的变更则必须对用人单位变更劳动合同行为进行合理性判断，若该行为对劳动者产生重大不利影响，将认定为违反变更规定，劳动者可以不服从。

3. 合法性原则

合法性主要体现为对用人单位变更劳动合同效力的审查。合法性审查着重于劳动合同变更的合法性、公平性和合理性。用人单位根据经营管理权进行的劳动合同变更，需要受到合理的限制。

4. 灵活性原则

随着市场经济形势的不断变化，用人单位要在激烈的市场竞争环境中生存与发展，就必须拥有充分的自主权和灵活的内部人事管理调配机制。宏观环境、国家政策法规在不断进行调整，劳动合同的变更并非一蹴而就，它需要基于不同的因素进行综合、灵活的考虑。随着就业形式的日益灵活化，劳动合同关系也将呈现出新的形态。所以，关于劳动合同变更的相关规定，也需要保持一定的灵活性和前瞻性，以适应劳动关系的不断变化。

（六）劳动合同变更的程序与注意事项

1. 劳动合同变更的程序

（1）一方向另一方提出变更的请求

用人单位或劳动者其中一方提出劳动合同变更的要求，并说明需要变更劳动合同的理由、变更的内容和变更的条件。

（2）另一方按期予以答复

在接收到一方的劳动合同变更要约以后，不管是否同意变更，都需要及时并明确地告知对方"你"的答复。

（3）双方协商，达成书面协议

如果双方当事人同意变更，那么将就变更的劳动合同内容进行平等协商。

（4）备案或鉴证

对于变更后的劳动合同，需要进行备案或鉴证的应交到相关机构进行备案或鉴证。

2.劳动合同变更的注意事项

第一，遵循公平、平等自愿，协商一致与诚实守信的原则，变更后的劳动合同对双方都产生法律效力。在一方提出劳动合同变更的要约后，另一方要及时作出答复。双方都有权利提出劳动合同变更，并办理劳动合同变更的手续，无论谁提出劳动合同变更要约，变更后的劳动合同对双方都具有效力，需履行相应义务。

第二，必须合法，不得违反法律法规的强制性规定。特别是对于有些特殊情况下不需要办理劳动合同变更手续，如用人单位变更名称等，不需要办理变更手续，只需要向劳动者说明情况，劳动合同继续履行。

第三节 劳动合同的解除与终止

一、劳动合同的解除

（一）劳动合同解除的条件与特点

劳动合同解除的条件是原劳动合同的存续，一旦劳动合同解除，劳动法律关系消灭，双方都不再受到劳动合同的约束。

劳动合同解除具有以下3个特点：①劳动合同解除是劳动合同的提前终止，只能在劳动合同依法订立之后且劳动合同的目的尚未完全实现之前进行，尚未订立的劳动合同因双方根本不存在劳动关系从而不存在劳动合同解除的问题，而劳动合同目的已经实现的劳动合同，或合同当事人丧失法律资格而终止的劳动合同也没有解除的必要；②劳动合同解除是劳动合同因合同当事人提出提前终止而终止，若双方均为提出提前终止则不具备劳动合同解除的条件；③劳动合同解除的法律后果是劳动关系消失。

（二）劳动合同解除的种类

企业劳动合同的解除可按照不同的标准进行分类，其中较为常见的划分方式包括以解除方式为标准的分类、以解除条件的依据为标准的分类、以解除原因中主体是否有过错为标准的分类。

1. 以解除方式为标准的分类

按照劳动合同解除的方式不同，可以分为协商解除和单方解除。

协商解除是指劳动合同经当事人双方协商一致而解除。协商解除包括两种情况：一种是企业和员工都没有单方面解除权，经过双方协商同意后解除；另一种是企业和员工之中有一方有单方解除权，另一方不具有这个权力，没有单方解除权的一方在征得有单方解除权的一方同意后，协商解除劳动合同。

单方解除是指享有单方解除权的当事人单方提出解除劳动合同。法律赋予单方解除劳动合同的权利，被赋予权利的一方在解除劳动合同的过程中无须对方当事人同意。对于需要提前告知的情形，单方解除又被分为单方预告解除和单方即时解除，前者须经预先通知对方当事人后方可单方解除劳动合同；后者则不需要提前通知对方当事人，在通知时就可以单方解除劳动合同。从主体来看，单方解除劳动合同又可以分为劳动者单方解除劳动合同和用人单位单方解除劳动合同。对于劳动者单方解除劳动合同，法律未对预告性单方解除进行限制，而只对即时性单方解除劳动合同进行了规定。而为了保护劳动者的合法权益，各国都对用人单位单方解除劳动合同予以限制，要求用人单位需要在符合法定或约定的条件下方可单方解除劳动合同。

2. 以解除条件的依据为标准的分类

按照劳动合同解除的依据是法律法规还是合同本身，可以划分为法定解除和约定解除。

法定解除是指劳动者或用人单位在符合法律法规规定的情况下，单方解除劳动合同。为了维护劳动合同的稳定性，许多国家在立法中都规定了限制性条件，凡是不符合法定条件规定的，任何一方不得随意解除劳动合同。

约定解除是指劳动者或用人单位在符合集体合同或劳动合同约定的解除条件下，解除劳动合同。约定解除的前提是约定的解除条件在法律允许范围之内，同时不得与法定的禁止性或许可性条款相冲突。

3. 以解除原因中主体是否有过错为标准的分类

按照导致劳动合同解除的原因中是否含有对方当事人过错，分为有过错解除和无过错解除。

有过错解除是指基于合同一方当事人的重大过错行为而触发的劳动关系终止机制。这涵盖两方面情形：一是雇主因雇员的严重不当行为而采取解雇措施；二是雇员因雇主的重大过失行为而主动选择终止雇佣关系。此处所说的"过错"是指那些性质严重、足以成为解雇或离职正当依据的行为，排除了轻微或不足以构成根本性违约的过错。在此类解除合同的情境下，未涉及过错的一方享有解除合同的主动权，其提出的解除要求对于过错方而言，具备法律上的强制执行力，劳动者如果是过错方，用人单位可以在辞退劳动者的同时，要求劳动者对用人单位的损失进行赔偿，并不再支付经济补偿金；而用人单位的过错造成劳动者辞职的，用人单位应对劳动者的损失进行赔偿，并支付经济补偿金。

无过错解除是指当合同一方在对方无明显过错或过错轻微、不足以构成违约理由时，单方面决定终止劳动合同的行为。无论是雇主还是雇员，在采取无过错解除措施前，均须提前向对方预告。相关法律法规不仅严格界定了雇主解雇劳动者的适用条件，还强调在无过错解雇劳动者的情形下，雇主必须依法向劳动者支付相应的经济补偿金。

（三）劳动合同解除的具体类型

依据《劳动合同法》的规定，劳动合同解除分为双方协商解除、劳动者单方解除和用人单位单方解除三种类型，而且每种类型的解除条件和程序都在《劳动合同法》中进行了明确的规定。

1. 双方协商解除

（1）协商解除的含义

协商解除是在双方完全自愿的前提下，用人单位与劳动者就提前终止劳动合同关系达成共同协议的一种法律行为。协商解除不受特定法定条件的限制，其核心在于双方意思表示的真实性与合法性，且不侵害第三方利益。《劳动合同法》第三十六条明确指出，用人单位与劳动者协商一致，可以解除劳动合同。

（2）协商解除的优势

第一，程序简单，操作方便。

协商解除劳动合同没有规定实体、程序上的限定条件，只要双方达成一致，内容、形式、程序不违反法律法规的禁止性、强制性规定即可。

第二，有利于规避法律风险。

对于其他劳动合同解除条件而言，用人单位或劳动者通常需要根据解除条件提供相应的事实证明。然而在现实组织管理中，有时难以对劳动合同解除提供法定证据支持，劳动争议时常发生。而协商解除只要双方当事人合意同意，并且不与国家法律法规和公共利益相冲突，就具有法律效力，可以有效避免其他解除劳动合同形式所产生的法律风险。

第三，有效降低企业成本。

协商解除劳动合同能够有效避免企业违法解除劳动合同情况出现的可能，从而减少企业违法解除劳动合同需要进行的经济赔偿。

（3）协商解除劳动合同的法律后果

协商解除劳动合同可以由劳动者提出，也可以由用人单位提出。在内容合法的前提下，要明确协商解除劳动合同的提出方。根据提出主体对象不同，协商解除的法律后果也不尽相同。当劳动者主动提出解除劳动合同的申请，并与用人单位就此达成一致意见时，根据《劳动合同法》第四十六条的规定，用人单位无须承担向劳动者支付经济补偿金的义务。若解除劳动合同的提议源自用人单位，则用人单位需依法向劳动者支付相应的经济补偿金。在劳动者主动提出且双方协商同意解除劳动合同的情况下，双方的劳动关系随即终止，且无须继续执行原劳动合同中的各项条款。

2. 劳动者单方解除

根据《劳动合同法》的规定，劳动者提出解除劳动合同主要包括两种情况：一是预告性解除；二是即时性解除。

（1）预告性解除

预告性解除是指当用人单位未出现《劳动合同法》第三十八条所列明的违法或违约情形时，劳动者有权单方面提前三十日以书面形式向用人单位发出通知，以此方式解除劳动合同的行为。《劳动合同法》第三十七条具体规定了这一程序，即劳动者需提前三十日以书面形式通知用人单位，可以解除劳动合同。劳动者在试用期内提前三日通知用人单位，可以解除劳动合同。对于预告性解除这一情形的理解主要包括：①劳动者提出；②提前三十日以书面形式通知用人单位；③无特殊约定的一般劳动合同。

（2）即时性解除

即时性解除劳动合同是指劳动者无须提前预告可随时与用人单位解除劳动合同的情形，如果不加以限制，可能会对用人单位的正常生产经营产生影响。因此，即时性解除一般针对用人单位有法定过错的情形，当用人单位出现法定过错时，劳动者可以随时解除劳动合同，不需要提前三十日预告，也不需要征得用人单位的同意。根据我国《劳动合同法》的相关规定，用人单位有下列情形之一的，劳动者可以解除劳动合同。

第一，根据《劳动合同法》第三十八条第一款第一项的明确规定，当用人单位未按劳动合同约定提供劳动保护或者劳动条件时，劳动者依法享有单方面解除劳动合同的权利。广义来讲，劳动保护和劳动条件不仅是劳动者进行劳动所必须包含的工资待遇等方面的生活条件，还包括工作环境、工作岗位等生产资料。

劳动者要使用该条解除劳动合同，应该明确用人单位应当按约定提供哪些劳动保护和劳动条件、以何种方式提供劳动保护和劳动条件、提供劳动保护和劳动条件的程度等，只有用人单位未按约定提供相应劳动保护和劳动条件时，劳动者才能主张用人单位因过失或故意未采取措施而违反相应的规定。

用人单位未提供劳动条件常见的情形主要是其任意变更劳动合同内容。在一些特殊情况和约定的情况下，劳动合同可以进行变更，主要包括对工作岗位、工作地点、工作时间和福利待遇的变更。工作岗位变更应该在合理的范围内，总结起来可包括：符合用人单位生产经营需要；符合劳动合同的约定或规章制度的规定；变更后的岗位工资待遇变化不大；岗位的变更不具有惩罚性，不存在恶意调岗等情形。工作地点的合理性变更表现为在劳动合同约定区域范围内变更工作地点、为劳动者提供了如班车和住宿等补偿性条件、不具有惩罚性和恶意性。工作时间的变更主要是指随意变更工时制度或者任意延长或缩短工作时间的情形。标准工时制度变更为特殊工时制度需要经过审批。用人单位大幅度延长或缩短工作时间都会损害劳动者的身体健康或劳动权。福利待遇的变更主要表现在用人单位取消给员工投保的商业保险或安排的健康体检上,虽然这属于员工的福利,并不属于必须提供的,但是减少福利待遇也会影响员工对用人单位的忠诚度。

在用人单位未提供劳动保护和劳动条件方面,有些需要劳动者提供举证,有些需要其他专业机构调查取证。在实践中,专业机构检查结果、监察部门现场调查记录或整改要求、职业病检查结果、疾病诊断结果、停职待岗通知等具有较强的证明力,而录音录像、微信记录、短信记录、疾病诊断结果等对一些特定的劳动保护和条件具有证明力。

第二,未及时足额支付劳动报酬的情形。对于未及时足额支付劳动报酬的理解需要注意以下两点:第一,对于"足额"的理解,用人单位在劳动者履行劳动义务以后应该按照约定发放劳动报酬。如果用人单位在未告知少发理由或少发理由不被认可的情况下减少发放劳动报酬,则都属于未足额支付劳动报酬。第二,对于"及时"的理解,有些研究者和劳动者认为,如果劳动者已经按照劳动合同的约定提供了劳动,而用人单位没有在约定的付薪日发放工资,那么用人单位就属于未及时支付劳动报酬。

具体来看,"未及时足额支付劳动报酬"有5类:①未出现法定特殊情况下,用人单位拖欠劳动者劳动报酬;②在出现不可抗力的情况下,用人单位在不可抗力情形结束后一段时间内仍未支付劳动者报酬;③用人单位出现生产经营困难或资金周转困难,在未与劳动者和工会协商的情况下,擅自降低或者拖欠劳动者报酬;④计算工资时未考虑加班工资、病假工资、产假工资、停工留薪工资及停工停产生活费等;⑤无其他正当理由拖欠或者克扣劳动者报酬等。

《劳动合同法》第八十五条还特别强调了若用人单位未能按照劳动合同的约定或者国家法律法规的规定及时足额支付劳动者劳动报酬,或是安排加班不支付加班费,劳动行政部门将责令其在限定的时间内完成支付。若用人单位在规定的期限内仍未履行支付义务,劳动行政部门将进一步采取措施,责令其按照应付金额的50%至100%的标准,向劳动者加付赔偿金,以维护劳动者的合法权益。

第三,未依法为劳动者缴纳社会保险费的情形。我国构建了一套全面的社会保险体系，涵盖养老保险、医疗保险、工伤保险及失业保险等。依据《社会保险法》的第四条款项，所有位于我国境内的用人单位及个人均负有依法缴纳社会保险费的法律责任，并享有查询缴费记录、个人权益记录的权利，同时，他们也有权要求社会保险经办机构提供社会保险咨询服务。此外，《社会保险法》的第五十八条明确指出，用人单位应当自用工之日起的三十日内为其职工向社会保险经办机构申请办理社会保险登记。未办理社会保险登记的，社会保险经办机构核定其应当缴纳的社会保险费。若用人单位未依法为劳动者缴纳社会保险费，劳动者可以与其解除劳动合同。实践中，劳动者会有放弃社会保险的行为，这虽不构成因用人单位未及时缴纳社会保险而解除劳动合同的情况，但因为劳动者自愿放弃社会保险的行为违反了《社会保险法》的强制性规定，用人单位同样要承担劳动合同无效带来的后果。

第四，用人单位的规章制度违反法律、法规的规定，损害劳动者权益的情形。用人单位的规章制度合法主要体现在以下两个方面。

首先，内容合法。在实践中，部分企业的规章制度出现"企业员工须无条件服从企业的安排""女职工在一定时间内不能结婚或生育孩子""企业员工在单位发生的一切意外事故责任自负"等违反法律法规的强制性规定，在发生劳动争议时，有关部门需要审查规章制度的合法合理性。

其次，程序合法。程序合法主要是指用人单位的规章制度需要经历民主程序，即规章制度的制定过程需要依照法律法规听取职工的意见或建议，在关乎职工切身利益的问题上要召开职工大会进行讨论。《劳动合同法》的第四条第二款规定，用人单位在制定、修改或决定那些直接关乎劳动者切身利益的规章制度或者重大决策时，应组织职工代表大会或全体职工参与讨论，用人单位需与工会或职工代表展开平等充分的协商，最终共同确定相关规章制度及重大事项的具体内容。

第五，因《劳动合同法》第二十六条第一款规定的情形致使劳动合同无效的情形。劳动合同无效是指劳动者与用人单位双方当事人在订立劳动合同的过程中违反了法律法规的相关规定，致使订立的劳动合同不具有法律效力。对于无效劳动合同的解除理论上存在两种争议：一部分专家学者从民法理论上进行理解，认为劳动合同既然无效，就不存在解除问题，法律行为的解除必然是以"生效或有效"的法律行为为对象；另一部分专家学者则试图从无效劳动合同所形成的事实劳动关系方面进行理解，虽然劳动合同被认定为无效，但是劳动者与用人单位之间形成了事实劳动关系，劳动关系的解除是解除双方之间的事实劳动关系。劳动者因劳动合同无效提出解除劳动合同的原因主要在于用人单位采用欺诈、胁迫的手段或者乘人之危，使劳动者在违背真实意思的情况下订立或者变更的劳动合同。

劳动合同虽然无效，但是劳动者已经付出的劳动难以返还，无效劳动合同的解除针对的是还未履行的劳动合同内容，已经提供的劳动无法也无须返还。因此，《劳动合同法》第二十八条规定，劳动合同被确认无效，劳动者已付出劳动的，用人单位应当向劳动者支付劳动报酬，劳动报酬的数额，参照本单位相同或相近岗位劳动者的劳动报酬确定。劳动报酬的确定需要根据劳动合同无效产生的情形确定报酬支付的形式，全国人民代表大会常务委员会法制工作委员会指出，如果双方约定的报酬高于用人单位同岗位劳动者工资水平，在不侵犯国家、社会或不特定第三人利益时，且劳动者已经提供劳动的情况下，劳动报酬的支付应该按照双方约定执行；若存在侵害国家、社会和不特定第三人利益，劳动报酬的支付不应按照合同约定支付，而应该参照同类岗位劳动者的工资，这样更能体现公平。《劳动合同法》不仅保障了劳动者在因用人单位过错导致劳动合同无效时享有解除合同的权利，且当劳动者依据该法第三十八条所规定的情形解除劳动合同时，用人单位负有向劳动者支付相应经济补偿的法定义务。

第六，法律、行政法规规定劳动者可以解除劳动合同的其他情形。在用人单位采取暴力、威胁手段，或非法限制劳动者人身自由以强迫其劳动，以及出现强行要求劳动者危险作业等严重威胁劳动者人身安全的极端情况下，劳动者享有即时解除劳动合同的权利，且无须提前告知用人单位。这一条款对即时解除作出了明确的说明，这是由于劳动者的人身安全应放在首位，当劳动者的人身安全受到威胁，劳动者可以免除提前三十日书面告知用人单位解除劳动合同的义务。当用人单位无视劳动者安全，强行要求其执行可能危及人身安全的冒险作业，或以克扣奖金、解除劳动合同等手段胁迫劳动者进行违规操作时，劳动者应主动与上级领导进行沟通，清晰阐述违规作业潜在的严重危害，并提出旨在改善工作环境的合理建议。若沟通未能取得预期效果，劳动者完全有权拒绝此类不合理且危险的工作，并可选择向卫生监督部门、安全生产监督机构或劳动行政部门等权威机构投诉、举报。若用人单位强制劳动者进行违章冒险作业，劳动者应立即行使解除劳动合同的权利，远离危险环境，而且根据法律规定，用人单位还应向劳动者支付经济补偿金。为确保自身权益得到有效维护，劳动者务必注意细致收集并妥善保存所有能证明用人单位强令其违章作业的证据材料。

3. 用人单位单方解除

根据《劳动合同法》等相关法律法规的规定，用人单位提出解除劳动合同主要包括过错性辞退、无过错性辞退、经济性裁员三种情况。

（1）过错性辞退

劳动者有下列情形之一的，用人单位可以解除劳动合同。

①在试用期间被证明不符合录用条件的情形。用人单位在劳动者试用期间解除劳动合同的，需要具备四个条件：第一，时间限定在试用期内，过了这个期限，即使劳动者试用期考核不合格，用人单位也不能以此为由解除劳动合同了。第二，在招录时有明确的录用条件。录用条件必须是用人单位已经告知给劳动者的，不能暗箱操作、内部控制，否则劳动者可以以不了解该规定为由而否定用人单位的解除理由。第三，要进行试用期考核。试用期考核的目的是确认劳动者是否符合用人单位的录用条件。第四，要出具书面的不符合录用条件的理由。

②严重违反用人单位的规章制度的情形。用人单位依据规章制度与劳动者解除劳动合同，需要满足以下六个条件。

第一，规章制度存在。用人单位依据规章制度解除与劳动者的劳动合同的前提条件是存在规章制度，如果没有规章制度则不存在违反规章制度的问题。

第二，规章制度的内容要合法。规章制度的内容要符合法律规定，不得违反法律法规的强制性规定。如规定劳动者到用人单位上班以后几年不能谈恋爱、几年不能生育、一切生老病死与企业无关等内容都是违反法律规定的。

第三，规章制度的制定程序要合法。程序合法强调在规章制度的制定过程中，必须严格遵循民主化的决策程序。要求在制定初期就充分听取职工或其代表的意见与建议，规章制度最终确立后，还需通过适当渠道向全体职工进行公示。公示的方法可以是让员工签收员工手册、召开会议学习的记录、学习以后组织考试的记录、公告栏公示记录或者网站公示记录等。

第四，要举证劳动者违反规章制度的事实，并且违反规章制度要达到"严重"程度。

第五，要履行通知工会的程序。《劳动合同法》第四十三条明确规定，当用人单位拟单方面解除劳动合同时，其有提前向工会通报解除原因的责任。若用人单位的行为被认定为违反了国家法律、行政法规的规定，或是违背了劳动合同的约定，工会有权依法提出纠正要求。对工会的意见，用人单位应进行审慎考量，并以书面形式向工会通报其处理结果。

第六，要将解除劳动合同的通知送达劳动者。用人单位送达解除劳动合同的通知应当以直接送达为主，只有在直接送达困难时，采取其他送达方式；在被送达人无故拒签该通知时，用人单位可以在采取拍照、录像等方式记录送达过程的基础上，将解除通知放置在被送达人住所。

③严重失职，营私舞弊，给用人单位造成重大损害的情形。"严重失职，营私舞弊"指的是劳动者在劳动合同履行期间，未能恪守岗位职责，未能有效维护用人单位的利益；或劳动者利用自身职务的便利条件，故意为个人谋取不正当利益，从而给用人单位的有形资产或无形资产带来重大损失。然而，这些行为虽性质恶劣，但尚未触及刑事法律的底线，因此不直接受刑罚处罚。依据这一规定，用人单位解除劳动合同需要满足三个条件：第一，劳动者有失职行为；第二，失职行为需达到严重程度；第三，需要造成重大损害。

对于"严重"的界定，用人单位可以依据其规章制度来对经济损失的性质和大小进行量化以确定达到"严重"这一程度，同时也可规定通过累次犯错的数量来界定严重失职或严重违反规章制度；如果用人单位没有相关规定，劳动争议仲裁机构或人民法院可以代为认定。

④劳动者在已与当前用人单位确立劳动关系的基础上，若未经允许擅自与另一用人单位建立额外的劳动关系，且此行为显著妨碍了其在原单位工作任务的有效完成，或是在原单位明确提出反对意见并要求其纠正后，劳动者仍坚持不改，此种情形即被视为兼职。《劳动合同法》第六十九条第二款规定，从事非全职用工的劳动者可以与一个或一个以上用人单位订立劳动合同；但是，后订立的劳动

合同不得影响先订立的劳动合同的履行。对于全日制用工单位劳动者是否能够兼职，法律没有明确的规定。全日制工作的劳动者能从事兼职工作需要满足四个条件：第一，法律法规没有明确禁止从事兼职的，如《中华人民共和国公务员法》第五十三条第十四款明确规定的公务员不得"从事或者参与营利性活动，在企业或者其他营利性组织中兼任职务"，并且根据处分条例规定"从事或者参与营利性活动，在企业或者其他营利性组织中兼任职务的，给予记过或者记大过处分；情节较重的，给予降级或者撤职处分；情节严重的，给予开除处分"[①]。第二，用人单位在劳动合同或规章制度中没有明确禁止劳动者兼职的。第三，兼职没有影响本职工作完成的。第四，用人单位对于劳动者的兼职行为默认存在的。

因此，如果法律法规明确禁止的、用人单位明确规定不允许兼职的，劳动者一旦兼职被发现，用人单位可以依据本条规定解除劳动合同；用人单位如果没有明确禁止兼职行为的存在，劳动者的兼职行为给用人单位造成重大影响，或者兼职行为没有对本单位工作造成影响但是用人单位提出后拒不改正的，用人单位可以解除劳动合同。

⑤因《劳动合同法》第二十六条第一款第一项规定的情形致使劳动合同无效的情形。根据双方合同订立的原则，用人单位与劳动者都可以了解对方与劳动合同相关的基本情况，不管是用人单位还是劳动者都应该如实告知对方。作为劳动者，与劳动合同相关的学历、职业经历、技能证书等相关信息都应该如实提供，如果信息不够真实会构成欺诈，导致劳动合同无效。用人单位在组织招聘的过程中也需要进行重要信息的核查，如学历、工作经历、技能证书等。虽然用人单位可以在出现无效劳动合同时选择解除劳动合同关系，但是发生劳动争议会影响用人单位的效率，也会提高用人单位的用工成本。因此，劳动者将与劳动合同或工作岗位相关的信息如实告知用人单位，既保证了用人单位的知情权，也是建立相互信任、和谐劳动关系的基础。

若劳动者通过不正当手段迫使用人单位在违背其真实意愿的前提下订立或变更劳动合同，那么用人单位不仅享有单方面解除该劳动合同的权利，还有权要求过错方赔偿因劳动合同无效而给用人单位造成的各类损失。

---

① 张旭霞.新时代公务员实用手册[M].北京：国家行政学院出版社，2022：175.

⑥被依法追究刑事责任的情形。《劳动法》第二十五条与《劳动合同法》第三十九条均规定，一旦劳动者被法律追究并确认刑事责任，用人单位即可单方面解除劳动合同。根据劳动部印发的《关于贯彻执行〈中华人民共和国劳动法〉若干问题的意见》第二十八条，当劳动者因涉嫌违法犯罪而处于被收容审查、拘留或逮捕的状态，其人身自由受到限制期间，用人单位有权利选择暂时中止与该劳动者的劳动合同，而非立即解除。此情况源于劳动者仅是涉嫌犯罪，最终是否构成犯罪还需经过司法审查的确认。此外，劳动和社会保障部办公厅《关于职工被人民检察院作出不予起诉决定用人单位能否据此解除劳动合同问题的复函》规定，用人单位不能单纯以人民检察院不予起诉决定作为解除劳动合同的依据。然而，若该劳动者的行为触犯了《劳动法》第二十五条所列明的其他解除条件，比如严重违背了用人单位的规章制度，那么用人单位仍有权根据《劳动法》的相关规定，采取解除劳动合同的措施。这种情境往往出现在犯罪情节相对轻微，人民检察院对行为人作出无罪处理的场合。

（2）无过错性辞退

有下列情形之一的，用人单位提前三十日以书面形式通知劳动者本人或者额外支付劳动者一个月工资后，可以解除劳动合同。

①劳动者患病或者非因工负伤，在规定的医疗期满后不能从事原工作，也不能从事由用人单位另行安排的工作的情形。《劳动合同法》第四十五条明确指出，当劳动合同期满之际，若存在该法第四十二条所列举的任一情形，则劳动合同的终止将被依法推迟，直至该特定情形完全消失后，劳动合同方得正式终止。劳动者患病或非因工负伤属于特殊情形，在规定的医疗期内用人单位不能依据劳动合同法第四十条或第四十一条规定解除劳动合同。即劳动者患病或非因工负伤情形发生时，用人单位不能立即解除劳动合同，需要等到医疗期结束以后，劳动者不能从事原工作，也不能从事用人单位新安排工作的，才能解除劳动合同。

劳动者患病或非因工负伤在规定的医疗期满后，用人单位解除劳动合同需要满足以下条件：劳动者医疗期产生的理由是患病或非因工负伤，工伤不属于这一范围；用人单位解除劳动合同需等到医疗期满；劳动者经评估无法胜任其原有职位的工作，且在用人单位提供的其他岗位中亦无法胜任；用人单位若决定解除与该劳动者的劳动合同，则需提前三十日以书面形式正式通知劳动者或支付劳动者一个月工资作为代通知金；在解除劳动合同之际，用人单位还需依法向劳动者支付相应的经济补偿金。

②劳动者不能胜任工作，经过培训或者调整工作岗位仍不能胜任工作的情形。对于什么是不能胜任，《劳动合同法》没有明确的条款。劳动部办公厅发布的《关于〈劳动法〉若干条文的说明》第二十六条对"不能胜任"进行了清晰界定，即劳动者未能按照合同约定的标准或要求完成既定的工作任务，或其工作表现未能达到与同工种、同岗位人员相当的工作水平。此外，用人单位不得故意提高工作定额标准，使劳动者无法完成任务。

不能胜任工作不等同于不符合录用条件，二者存在较大不同。第一，解除的程序存在不同。在劳动者被认定为不能胜任其工作的情境下，用人单位若有意解除劳动合同，必须满足以下条件：首先，用人单位证明劳动者无法胜任当前岗位的工作要求；其次，在正式决定解除劳动合同之前，用人单位需依据法律规定，为劳动者提供合理的岗位调整或职业培训的机会；再次，经过岗位调整或培训后，劳动者仍然无法达到岗位要求；最后，用人单位需遵循法定程序，提前三十日以书面形式通知劳动者要解除劳动合同，或者选择支付劳动者一个月的工资作为即时解除合同的代通知金。对于不符合录用条件的劳动者，用人单位通常会在试用期期间选择解除劳动合同，不需要提前三十日通知，在试用期内，只要用人单位可以证明劳动者不符合录用条件就可以随时解除劳动关系。第二，采用的时间段不同，"不能胜任工作"在整个劳动关系存续期间都可以使用；而"不符合录用条件"仅限于试用期。第三，评价标准不同，"不能胜任工作"侧重于衡量劳动者是否达到了用人单位在职责、能力等方面设定的具体标准；而"不符合录用条件"的评估范畴还涉及与劳动者本职工作紧密相连的各类条件。第四，举证不同，在处理"不能胜任工作"的情形时，用人单位需提供充分证据，明确显示劳动者在当前岗位上确实无法胜任其工作任务，还需举证说明，为改善劳动者的工作表现，已实施并完成了合理的岗位调整或职业培训计划；而针对"不符合录用条件"的情况，用人单位仅需证明劳动者在入职时未能满足或达到用人单位所设定的录用条件和标准即可。第五，需要支付经济补偿金的情形不同，以不能胜任工作为由解除劳动合同属于劳动者无过错解除劳动合同的情形，用人单位需要支付经济补偿金；而不符合录用条件的情形则发生于用人单位与劳动者处于相互选择的试用期，因此用人单位不需要支付经济补偿金。不能胜任工作不等同于末位淘汰。杰克·韦尔奇（Jack Welch）将末位淘汰应用于企业管理，通过竞争淘汰激发劳动者潜能，对排名靠后的劳动者予以解雇，从而提高企业竞争力。末位淘汰是一种强制分类的制度，末位淘汰不能等同于不能胜任，末位淘汰只能表明末位的员工业绩不如前列的员工，但不能说明末位的员工不能胜任工作。

③劳动合同订立时所依据的客观情况发生重大变化，致使劳动合同无法履行，经用人单位与劳动者协商，未能就变更劳动合同内容达成一致协议的情形。在运用这一条款的过程中，我们需要明确以下几个概念。

第一，"客观情况发生重大变化"。诸如发生不可抗力、法律法规的修改或废止，以及用人单位被撤销或兼并、重大业务调整等情形出现时造成合同中约定的部分或全部条款没有办法实现，会对合同目的的最终实现造成影响。对于什么是"重大变化"，法律法规没有进行明确量化的界定。一般在实践中，未造成难以履行劳动合同的情形，如对于临时性出现的经济紧张或者生产经营业绩滑坡等情况，不认为是客观情况的重大变化。

第二，"无法履行"。劳动合同无法继续履行的客观情况主要包括企业方面不能履行和劳动者方面不能履行。企业方面的不能履行主要是企业提前解散、破产、撤销、责令关闭或者吊销营业执照的；劳动合同到期且不存在订立无固定期限劳动合同的；岗位具有特殊性和不可替代性且岗位已经被人取代的。劳动者方面的不能履行主要包括劳动者到达退休年龄的；劳动者已经进入新的单位入职的；劳动者不愿意继续在原单位原岗位工作的；其他造成劳动合同不能履行的情形。

第三，"协商"。企业在依据此条款解除劳动合同之前有一个程序必须履行，那就是与员工协商变更劳动合同的内容，在劳动者不存在过错的情况下需要给予劳动者选择权，让其做出愿意（不愿意）继续劳动关系的决定。在协商的过程中，用人单位就工作报酬、工作内容、工作地点等与劳动者切身利益相关的内容与劳动者进行协商，该协商不是协商直接解除劳动合同，而是整合双方利益达到双赢。

第四，"达成一致"。用人单位在规定的时间内与劳动者就工作内容、工作地点、工资报酬等进行协商，协商结果双方予以接受的，可以认定为双方"协商达成一致"。在实践中，由于用人单位所推行的变化可能会对劳动者的利益产生不利影响，一般情况下会引起劳动者的不满情绪，致使协商无法达成一致。要想促进协商达成一致，用人单位可以从薪酬调整、轮流培训等方面努力。

针对以上四种劳动者无过错的情形，用人单位要想解除劳动合同，法律规定了预告期。用人单位可以提前三十日通知劳动者也可以选择支付一个月代通知金作为补偿。这一个月的预告时间或代通知金主要是为了让劳动者进行心理和经济上的调整。在实践中，用人单位更倾向于选择支付代通知金作为解除劳动合同的条件，因为在预告解除的过程中，双方权利和义务关系继续存在，用人单位可能会承担劳动者工伤、怀孕等所带来的风险。《中华人民共和国劳动合同法实施条例》规定代通知金以前一个月的工资作为确定标准，但若是劳动者工资差异水平较大，上个月的工资水平可能会造成一方当事人利益受损，则可以根据劳动者前十一个月平均工资水平来加以确认。

(3) 经济性裁员

①经济性裁员的含义。

经济性裁员是用人单位因生产经营不善等原因，必须通过一次性辞退部分劳动者以改善生产经营状况的一种制度。经济性裁员也是用人单位解除劳动合同的一种重要形式，解除劳动合同的主体是用人单位，裁员的基础是双方形成的劳动关系，用人单位裁减人员须在劳动合同尚未履行完毕之前，用人单位裁减人员不以劳动者本人意志为转移，用人单位裁减人员需要具备法定的理由，且程序要求非常严格，否则不能进行经济性裁员。

②裁减人员的条件。

经济性裁员是一种规模性解除劳动合同的情形，而非单纯的辞退，只有达到法律规定的裁员规模才可以使用经济性裁员。《劳动合同法》明确规定，当用人单位面临需裁减人员规模达到或超过二十人的情形，或虽未达到此数但裁员比例占企业职工总数的10%及以上时，用人单位应提前三十日以书面形式向工会或全体职工全面阐述裁员情况，充分尊重并认真听取来自工会或职工代表的意见与建议。为确保裁员过程的合法性与透明度，用人单位还需将最终确定的裁员方案上报至相关劳动行政部门进行备案，获得批准后方可正式执行裁员操作。小微企业不足十人且满足以下经济性裁员实质性条件的情况下，企业裁减一名劳动者就可以认定为经济性裁员，需要履行经济性裁员程序。实施经济性裁员须符合以下条件：依照《中华人民共和国企业破产法》规定进行重整的；生产经营发生严重困难的；企业转产、重大技术革新或者经营方式调整，经变更劳动合同后，仍需裁减人员的；其他因劳动合同订立时所依据的客观经济情况发生重大变化，致使劳动合同无法履行的。

1994年，劳动部颁布的《企业经济性裁减人员规定》第二条指出当用人单位面临濒临破产的境地、已被人民法院依法宣告进入法定整顿阶段，或是其生产经营遭遇了严重困难，并已达到当地政府界定的严重困难企业标准时，若确实有必要进行人员裁减，企业可采取裁员措施。依据《关于〈劳动法〉若干条文的说明》第二十六条，"客观情况发生重大变化"主要涵盖了一系列不可抗力事件及其他特殊情形，这些事件或情形直接导致企业与劳动者之间的劳动合同部分或全部条款无法继续履行。这些客观情况的发生，不能由用人单位自行认定。

③经济性裁员时优先留用人员要求。

在裁减人员时，应当优先留用以下三类人员：一是与本单位订立了较长期限的固定期限劳动合同的人员；二是与本单位订立了无固定期限劳动合同的人员；三是家庭无其他就业人员且需要赡养老人或抚养未成年人的人员。

其中优先留用较长期限或无固定期限的员工主要是考虑劳动者在单位工作时间较长，为企业作了较多贡献，掌握了单位的核心技术或者商业秘密，因此需要留在用人单位。同时，家庭无其他就业人员且需要赡养的老人或者抚养未成年的员工，如果贸然解除其劳动合同，可能会造成其家庭的困境，不利于社会稳定。此外，国务院发布的《革命烈士褒扬条例》规定，经济性裁员过程中烈士遗属也要优先留用。用人单位应该严格按照规定对员工实行优先留用，在发生劳动争议时应该提供举证责任。

除了优先留用，劳动合同还规定了优先招用。《劳动合同法》明确规定，当用人单位实施人员裁减措施后，若在随后的六个月时间内再次开展招聘活动，则必须向之前被裁减的员工发出通知，确保他们知晓招聘信息。当这些被裁减的员工在申请新职位时，若其条件与其他应聘者相当，用人单位应优先招用。《劳动部关于实行劳动合同制度若干问题的通知》还规定了，对于重新招用的员工，其裁减前后和重新录用后的工作年限应连续计算为本单位的工作时间。

二、劳动合同的终止

（一）劳动合同终止概述

部分学者将劳动合同终止定义为：当劳动者与用人单位均严格遵循劳动合同中既定的条款，全面履行了各自所承担的权利与义务后，随着合同中预设的特定情形发生或合同本身达到约定的终止期限，该劳动合同随即失去其原有的法律效力。也有学者认为劳动合同终止的触发因素更为广泛，包括法定或双方约定的特定事由的出现，以及劳动合同双方中任意一方主体资格的丧失等情形，这些都使劳动合同的法律效力被终结。本书从法律效力的结果来定义，企业劳动合同的终止是指企业劳动合同法律效力的终止，也就是双方当事人之间劳动关系的终结，彼此之间原有的权利和义务关系不复存在。

（二）劳动合同终止与劳动合同解除的关系

有的学者认为劳动合同的解除与终止是一种并列关系，有的学者则认为劳动合同解除与终止是一种包含关系，即劳动合同的终止包括合同解除。从法律效果上看，其结果都是导致用人单位与劳动者之间的法律关系归于消灭，具有一定相同性。

劳动合同终止与劳动合同解除存在以下不同点。

1. 劳动合同解除与终止是否由当事人做出意思表示不同

劳动合同终止的法定情形出现，一般不存在当事人某一方的主观过错，劳动合同终止不受当事人主观意愿影响。例如，以完成一定工作任务为期的劳动合同，当工作任务完成，劳动合同即可终止，不以当事人意志为转移，也不追究当事人主观方面的法律责任。而劳动合同解除不同，劳动合同解除可以是双方协商解除，也可以由劳动者或用人单位任一方根据解除条件提出解除意向。解除劳动合同的原因可能是某一方存在过错，有过错的一方如果对对方当事人造成损失的，无过错方可以要求进行适当的赔偿。

2. 劳动合同解除与劳动合同终止情形不同

劳动合同解除的情形主要包括3种：①双方协商解除，当劳动者或用人单位中的任意一方希望解除劳动合同时，双方友好协商并达成解除意见；②劳动者单方面解除劳动合同的情形可划分为两类：一是劳动者提前向用人单位发出通知，表达其解除劳动合同的意愿，二是用人单位存在过错行为时，劳动者可依据《劳动合同法》第三十八条的规定，终止与用人单位之间的劳动合同关系；③用人单位单方解除劳动合同，主要包括用人单位因劳动者过错而依据《劳动合同法》第三十九条解除劳动合同、劳动者无过错用人单位依据第四十条解除合同情形，以及用人单位经济性裁员的情形。

劳动合同终止的原因主要分为两种：①劳动合同期限届满。在确立劳动关系并签订劳动合同时，劳动者与用人单位就合同的期限进行明确约定，若约定时间期满或约定任务完成，那么该劳动合同即自然终止。②法律规定的终止情形。当发生明确的法律规定的情形时，如劳动者死亡、用人单位被依法宣告破产等，当事人有权终止劳动合同。

3. 劳动合同解除与劳动合同终止需要履行的法定程序不同

劳动合同解除因解除类型不同，需要履行的程序也存在差异，如预告性解除和即时性解除程序存在不同。如果是由用人单位单方解除劳动合同的，需要事先将解除理由通知工会。如果因为经济性裁员解除劳动合同，还需要将裁减人员方案提交劳动行政部门审批。如果没有按照规定履行法定程序，劳动合同解除可能构成违法。违法解除的劳动合同，劳动者要求继续履行劳动合同的，应该继续履行，若劳动者不要求继续履行，用人单位则需要支付经济赔偿金。而对于劳动合同终止需要履行法定程序的情形，相关法律法规没有作出明确的规定。

4. 劳动合同解除与劳动合同终止经济补偿金的计算起点不同。

劳动合同解除根据《劳动法》《违反和解除劳动合同的经济补偿办法》《劳动合同法》规定需要支付经济补偿金。而对于劳动合同终止的情形，前两项法律法规并未作出明确规定，只有《劳动合同法》对部分情形规定了经济补偿金。对于经济补偿金的支付，若是劳动合同解除，且时间跨越 2008 年，那么需要分段计算经济补偿金；而若是劳动合同终止，2008 年以前不需要支付经济补偿金，只有 2008 年以后部分终止情形才需要支付经济补偿金。

（三）劳动合同终止的条件

第一，劳动合同期满的情形。从劳动合同期限来讲，除了无固定期限劳动合同外，固定期限劳动合同和以完成一定任务为期的劳动合同都会出现期限届满和工作任务完成的时候，一旦劳动合同期限届满或一定任务完成，劳动合同自然终止。《劳动合同法》第四十四条第一款将劳动合同期满作为法定终止的情形之一。若未依据相关法律法规续签或不存在法定延期事由，则该劳动合同终止。

第二，劳动者开始依法享受基本养老保险待遇的情形。依据《劳动和社会保障部办公厅关于企业职工"法定退休年龄"涵义的复函》中的规定，正常退休的年龄界限为："男年满 60 周岁，女工人年满 50 周岁，女干部年满 55 周岁。"对于从事特定艰苦或有害健康职业的劳动者，退休年龄为男工人年满 55 周岁，女工人年满 45 周岁。若劳动者因疾病或非工作原因致残，并经由医院出具证明及劳动鉴定委员会鉴定为完全丧失劳动能力，则其退休年龄为，男工人年满 50 周岁，女工人年满 45 周岁。延迟退休政策出台后，劳动者的退休年龄将相应改变，对于劳动合同是否终止需要根据具体政策规定。需要注意的是，不是说只有领取了养老保险待遇，劳动者的劳动合同才能终止。劳动者达到法定最高就业年龄，用人单位与劳动者之间的劳动合同也将自然终止。

第三，劳动者死亡或者被人民法院宣告死亡或者宣告失踪的情形。劳动者死亡标志着其作为自然人的法律主体身份归于消亡。宣告死亡指的是劳动者长时间下落不明且满足法定时长后，与劳动者存在利害关系的人有权提出申请，由法院依法宣告该劳动者法律上的死亡。宣告失踪是指公民长期去向不明、满足法定时限要求后，相关利害关系人提出申请，法院将宣告该公民失踪并代管其财产。根据我国相关法律规定，公民离开住所下落不明超过两年的，可以由其利害关系人申请，由法院宣告其失踪。如果下落不明满四年的（意外事故中满两年的），可以由利害人申请，由法院宣告其死亡，产生和自然死亡同样的法律效果。

第四，用人单位被依法宣告破产的情形。用人单位被依法宣告破产是指当债务人的全部资产不足以清偿到期债务时，债权人通过一定程序将债务人的全部资产供其平均受偿，从而使债务人免除不能清偿的其他债务，并由人民法院宣告破产解散。

第五，用人单位被吊销营业执照、责令关闭、撤销或者用人单位决定提前解散的情形。吊销营业执照是指登记主管机关依照有关法律法规规定，对企业法人违反规定实施的一种行政处罚。对企业而言，吊销营业执照意味着其法人资格被强行剥夺，不再具有用人单位所必需的法人资格。用人单位被责令关闭，是用人单位在存续过程中没有严格遵守相关法律法规，被有关部门依法查处后责令关闭。用人单位被撤销是用人单位成立过程不合法或过程虽然合法但不符合相关法律法规的实体性规定，被政府部门发现后查处，并令其撤销。用人单位决定提前解散是根据《公司法》的相关规定，因公司章程规定的解散事由出现、股东会或者股东大会决议等原因，用人单位提前解散。以上情况出现都意味着企业法人资格不再存在，企业不能按照劳动合同的内容履行其权利与义务，劳动合同自然终止。

第六，法律、行政法规规定的其他情形。除了上述情况外，对于劳动合同终止规定的未尽情形都通过此条来规范。

（四）限制劳动合同终止的情形

劳动合同期满时，当劳动者存在《劳动合同法》第四十二条规定的情形时，用人单位终止劳动合同将会受到限制。

为加强对劳动者的保护，《劳动法》和《劳动合同法》规定，劳动者有下列情形之一的，用人单位不得行使非过错性解除权或进行经济性裁员：从事接触职业病危害作业的劳动者未进行离岗前职业健康检查，或者疑似职业病病人在诊断或者医学观察期间；在本单位患职业病或者因工负伤并被确认丧失或者部分丧失劳动能力；患病或者非因工负伤，在规定的医疗期内；女职工在孕期、产期、哺乳期；在本单位连续工作满十五年，且距法定退休年龄不足五年。

第四章 劳动者的法律保护

劳动法所定义的劳动，本质上是一种基于雇佣关系的劳动活动，该关系的建立依赖于雇主与雇员双方之间的共同意愿与协商。雇主作为生产资料的拥有者及管理者，其地位上的优势使得劳动关系不可避免地带有从属性特征。但在劳动实践的过程中，通过生产要素的有效配置，资方与劳动者在追求物质财富增长与精神价值实现上又展现出了高度的统一性，形成了利益共生的紧密关系。法律，尤其是劳动法，将平衡各方主体的利益视为其核心价值之一。本章主要介绍了劳动法基本原则及劳动政策分析、工会法与职工民主参与分析、工资法分析、社会保险法分析。

第一节 劳动法基本原则及劳动政策分析

关于劳动法的基本原则，在理论上一直存在着争议，学者根据自己的不同理解，提出了对劳动法基本原则的不同看法。综合各种关于劳动法的有代表性的著述，关于我国劳动法基本原则的各种表述大致可以划分为五类：第一类是以高等学校法学统编教材《劳动法学》和全国高等教育自学考试教材《劳动法学》为代表的"八原则说"和"七原则说"；第二类是全国高等政法院校规划教材《劳动法学》的"四原则说"；第三类为上海人民出版社出版的《"劳工神圣"的卫士——劳动法》的"四原则说"；第四类是"九五"规划高等学校法学教材《劳动法》的"三原则说"；第五类是世界银行法律援助项目法学系列文库——经济法系列《劳动法学》提出的"三原则说"——"劳动自由、劳动协调、劳动保障"。

以上各种观点从各种不同角度出发提出了劳动法的基本原则，均有一定的可取之处，但也存在不同程度的缺陷，有的观点反映了一定历史时期人们对我国劳动关系的认识。结合各种观点，本书将劳动法基本原则概括为以下三个，即社会正义原则、劳动自由原则和三方合作原则。

一、社会正义原则及相关劳动政策

社会正义理论是20世纪60至70年代美国哲学家、伦理学家约翰·罗尔斯（John Rawls）首先系统加以论述的，其代表作是1971年出版的《正义论》。在卢梭的社会契约论框架下，罗尔斯从伦理学的维度对正义进行了深刻剖析。他主张，个人的生活轨迹不仅受到政治架构、宏观经济状况及广泛社会条件的塑造与限制，还不可避免地受到个体自出生起便携带的、难以自我决定的社会地位的不平等与自然天赋差异的长期且深远的影响。罗尔斯强调，这种不平等并非个人自由意志的选择结果，而是外部赋予且难以改变的。正义原则的核心目标是通过优化与调整核心社会制度，来应对和缓解这种起始点上的不平等现象，旨在消除由社会历史进程和自然偶然因素所带来的、对个体生活轨迹造成的不公平影响。

罗尔斯的社会正义理论敦促立法者在立法过程中，应秉持公平正义的立场，深入考量如何构建法律框架以最大化地保障"最少受惠者"的权益。在劳动法的语境下，"最少受惠者"指向了广大的劳动者阶层。劳动者阶层由于经济地位较低，因此很难公平地分享社会经济发展的好处，特别是一些特殊的劳动者群体，如女工、农民工、中老年职工、体力劳动者等，在社会分配中往往处于最为不利的地位。这说明，我国在改革开放过程中，不仅要抓好经济建设目标，同时也要保持经济与社会的均衡发展，特别是要维护和实现社会正义，否则，由于社会不正义带来的社会问题将会严重阻碍经济的可持续发展，甚至还有可能吞噬改革开放的成果。

劳动立法是实现社会正义的主要手段之一。社会正义原则的核心诉求之一，便是劳动法在整体架构上须体现出鲜明的劳动者权益保护特质。这意味着在劳动法的框架下，劳动者与劳动使用者之间的权利义务关系并非完全对等，而是有意识地偏向劳动者，要求劳动使用者承担更多的义务与责任。例如，允许劳动者组织工会，以集体的力量向劳动使用者争取更多的权益；限制劳动使用者订立和解除劳动合同的自由；要求劳动使用者在诉讼中承担更多的举证责任；等等。在一些情况下，社会正义原则还排除了等价有偿原则的适用。例如，依照我国《劳动法》，劳动者在法定休假日和婚丧假期间及依法参加社会活动期间，虽然劳动者没有给付正常的劳动，但是劳动使用者仍应当依法支付工资。

我国 2007 年通过的《劳动合同法》与《劳动争议调解仲裁法》更是突出地体现了倾斜立法的特点。例如，在《劳动合同法》第十四条中规定，如果劳动者符合在该单位连续工作满十年等条件，可以单方面提出订立无固定期限劳动合同，用人单位不得拒绝。又如，《劳动争议调解仲裁法》第四十八条规定，对于第四十七条所规定的仲裁裁决，劳动者不服的，可以提起诉讼。另外，《劳动争议调解仲裁法》第三十九条明确了举证责任倒置的原则：在劳动争议仲裁过程中，若劳动者因客观原因无法自行获取由用人单位持有并管理的、与仲裁请求直接相关的证据材料时，仲裁庭拥有权力要求用人单位在限定的时间内提交这些证据。若用人单位未在指定期限内提供所需证据，则需依法承担由此引发的不利法律后果。这些例子说明，倾斜立法的方法已经越来越多地得到我国立法机关的重视，从而促进社会公平正义的实现。

对于劳动法中劳动者与劳动使用者的权利义务不平衡的特征，很多学者从劳动法基本原则的角度也作了类似的表述，有的称之为"保护劳动者原则"，有的称之为"保护劳动者合法权益原则"。但是不管如何表述，其基本精神是一样的，即劳动法应当对劳动者进行特别保护。这种特别保护的实质，就是劳动法必须遵循社会正义的基本原则。

二、劳动自由原则及相关劳动政策

劳动自由原则是劳动法的一个基本原则。这个原则最初来源于民法中的契约自由原则，根据契约自由原则，劳动关系双方当事人可以自由选择缔约对象，并且自由决定是否订立劳动合同。契约自由在劳动领域中表现为两个方面：一方面是劳动使用者的用工自由，另一方面是劳动者的劳动自由。劳动法所倡导的劳动自由原则，其核心是劳动者的自由，而不涉及劳动使用者的用工自由。在我国法律体系中，劳动使用者的用工自由被视为企业自主经营权的重要组成部分，这一权利主要由《公司法》及相关企业法律法规进行界定与规范。劳动者的劳动自由不仅涵盖了劳动者签订劳动合同自由，还涉及劳动者个人的人身自由与意志自由。劳动自由原则强调劳动者参与劳动活动必须建立在完全自愿的基础之上，严禁任何形式的胁迫、欺诈行为或其他任何可能损害劳动者自由意志的因素存在。

劳动自由也是马克思主义所倡导并且坚持的一项原则，马克思主义一向主张劳动应成为劳动者自我发展的手段，而不是谋生的手段。

由于我国目前仍将长期处于社会主义初级阶段，生产力发展水平远远未达到实现彻底自由劳动的要求，每个劳动者只有从事一定的职业劳动，才能获得必需的生活资料。由于存在着庞大的失业大军，在职的劳动者不敢有丝毫懈怠，只有不停地努力工作，才能保证自己的"饭碗"不会被别人抢走。大多数劳动者不能根据自己的兴趣和爱好去选择职业，甚至没有时间和金钱去发展自己的业余爱好，只能通过不断地改造自己，努力去满足劳动力市场不断提高的条件和要求。可见，这样的劳动本质上也是不自由的。但是这种不自由是生产力发展水平造成的。

尽管在现实中劳动自由还无法完全实现，但是劳动自由作为劳动法的一项基本原则却早已经确立。根据我国的《劳动法》，劳动自由原则具体包括以下四个方面的内容。

第一，择业的自由。劳动者有选择职业的自由，不因民族、种族、性别、宗教信仰不同而受歧视。选择职业的过程，也就是劳动者与劳动使用者之间建立劳动关系的过程。劳动关系必须建立在双方自愿的基础之上，我国《劳动法》第十七条规定："订立和变更劳动合同，应当遵循平等自愿、协商一致的原则，不得违反法律、行政法规的规定。"《劳动法》第十七条虽然在形式上体现了民法中的缔约自由原则，但是其实质与精髓却是劳动法中的劳动自由原则。

第二，辞职的自由。劳动者不仅有订立劳动合同的自由，而且还有维持劳动关系的自由。我国《劳动法》第三十一条规定："劳动者解除劳动合同，应当提前三十日以书面形式通知用人单位。"这就明确规定了劳动者享有随时终止劳动关系的自由。《劳动法》第三十一条旨在破除长期以来我国固有的"人才单位所有"

的桎梏，推动劳动力资源在市场中实现更加合理与高效的流动，通过增强劳动力市场的灵活性与活力，促进劳动者个人潜能的发挥及整体社会生产力的提升。然而在实际效果上，《劳动法》第三十一条却充分体现了劳动自由的精神，成为保护我国劳动者自由劳动权利的基本法律依据。

第三，反对就业歧视。就业歧视通常针对劳动者的个人特征，如户籍、性别、民族、种族、肤色、宗教信仰等，对他们在选择职业时所享有的权利进行不当的限制。根据我国《劳动法》第十二条的规定："劳动者就业，不因民族、种族、性别、宗教信仰不同而受歧视。"

第四，禁止强迫劳动。劳动自由的对立面是强迫劳动，后者是一种恶劣行径，它采用暴力或其他强制手段，迫使劳动者在违背自身意愿的情况下进行劳动活动。禁止强迫劳动是劳动自由原则的重要内容。择业自由和辞职自由尚未完全褪去契约自由的色彩，因此在一定程度上具有民事权利的性质。而禁止强迫劳动则完全是一项公法上的权利，是每个劳动者基于人类劳动的本质而享有的一项基本人权。我国《劳动法》明确禁止了所有形式的强迫劳动。依据该法的第三十二条及第九十六条条，若劳动关系的雇主方采取暴力、威胁手段，或非法限制劳动者的人身自由，以强迫其从事劳动，则劳动者享有即时解除劳动合同的权利，并可随时通知雇主方终止劳动关系。针对此类违法行为，公安机关将依法对涉事的责任人处以十五日以下的拘留、罚款或警告。如果情节严重，构成犯罪的，司法机关还要依法追究责任人员的刑事责任。

三、三方合作原则及相关劳动政策

三方合作原则的理论基础根植于社会连带关系，这一理论框架最初由法国杰出的社会学家埃米尔·杜尔凯姆（Emile Durkheim）所构建。杜尔凯姆区分了人类社会中的两种基本连带关系模式："机械的"与"有机的"。其后，法国著名法学家莱昂·狄骥（Leon Duguit）在此基础上进行了拓展与深化，他强调社会连带关系或社会相互依赖性是至关重要的社会现实。在狄骥的《宪法论》第一章中，他指出"社会的相互依赖主要是一种法律的关系，我所说的客观法的基础是社会的连带关系"。①

尽管劳动关系内蕴含着社会连带关系的元素,但劳动者与劳动使用者之间的权力结构本质上存在着不平衡,这种不平衡在利益分配层面尤为显著,导致了双方的潜在对立。为了调和这种不平衡与对立,国家的适当干预成为必要且不可或缺的一环。在早期工业社会的背景下,各国政府因为受契约自由原则的约束,在当时多采取自由放任的社会政策,对劳动关系中的不平等现象未予以充分的关注与干预。一方面,它使得劳动者在经济增长的红利分配中被边缘化,未能获得与其贡献相称的回报。另一方面,劳动关系的失衡也不断激化着各种社会矛盾。劳动者权益的受损、工作环境的恶劣、劳动条件的恶劣等问题逐渐累积,欧洲主要资本主义国家因此发生过声势浩大的工人运动,甚至武装革命。鉴于上述劳动关系中的种种问题与挑战,自19世纪中后期,欧洲各国政府开始意识到积极介入劳动关系、促进劳资双方合作的必要性。通过立法、监管、调解等多种方式,政府积极引导劳动者与劳动使用者之间的沟通与协商,促进双方的理解与合作。劳动者、劳动使用者与政府三方共同参与、相互协作的劳动关系调整新机制逐渐形成并不断完善。

三方合作原则现已广泛获得多数国家的认可,并成为各国劳动法体系中的一项基本原则。

在我国,三方合作原则已确立为劳动法体系的核心基石,贯穿于劳动法的各项制度脉络之中。第一,我国《劳动法》的总则部分规定,劳动者通过职工大会等多元化形式,积极参与民主管理,并有权与劳动使用者进行平等对话与协商,以维护自身合法权益。第二,在《劳动法》第三章及《劳动合同法》第五章第一节中,对集体协商与集体合同制度进行了详尽而具体的规定,旨在构建一个以集体协商为桥梁,促进劳资双方相互理解、共同进步的合作机制。第三,在劳动基准的制定过程中,我国也积极采纳并深入实践了三方合作原则。以1993年劳动部颁布的《企业最低工资规定》第六条为例,该条款明确指出,最低工资标准的设定需由省级、自治区级及直辖市级人民政府的劳动行政管理部门携手同级工会及企业家协会,经过共同研究后确定。《劳动法》第四章在设定工作时间框架的

---

① 邱妮斐,宋秉宏.劳动法与社会保障法[M].成都:电子科技大学出版社,2017:17.

同时，也灵活处理了特殊情境下的加班需求，如自然灾害紧急应对、生产设备突发故障抢修等情形被明确列为加班加点的合理例外。第四，我国现行的社会保险制度中，大部分保险项目的资金筹集采取了劳动者与用人单位共同缴费的方式。这一制度设计不仅强化了社会保险的可持续性和覆盖范围，更深刻地体现了劳动关系双方在面对社会风险时的团结协作与共同担当，是劳动关系中合作精神的重要体现。第五，依据《劳动法》及《劳动争议调解仲裁法》的相关条款，劳动争议仲裁委员会的构成彰显了三方之间的高度合作与平衡，其成员由劳动行政部门代表、同级工会代表及劳动使用者代表三方面共同构成。这一制度安排体现了劳动争议处理过程中对于双方权益的尊重与平衡。

第二节 工会法与职工民主参与分析

一、工会与工会法

工会作为工人阶级自愿集结而成的社会团体，其核心宗旨在于强化内部团结、汇聚斗争力量，并坚决捍卫劳动者的共同利益。世界上最早的工会组织可上溯至19世纪初的西欧的资本主义发展国家。

在我国，工会和工会的立法有悠久的历史。上海海员于1914年成立了"焱盈社"，上海商务印书馆工人于1916年组织了"集成同志社"。这些组织是我国工会组织的萌芽。1920年上海共产主义小组领导成立的上海机器工会标志着我国现代意义上的工会组织的诞生。我国最早出现的工会法是1924年11月由孙中山以大元帅的命令公布的《工会条例》，它是李大钊同志到广州同孙中山协商制定的，是实现国共合作的产物，体现了孙中山"扶助农工"的政策特点和要求。在中国共产党进行武装斗争、建立革命根据地创建红色政权之后，江西的红色政权曾于1930年颁布了《赤色工会组织法》，以对抗南京国民政府于1929年10月21日颁布的《工会法》。《赤色工会组织法》在团结广大职工参加革命战争、发展生产中起到了积极作用。中华人民共和国成立后，1950年6月中央人民政府颁布了我国第一部《工会法》，是中华人民共和国成立初期颁布的三部重要法律之一，它适应了经济恢复时期的特点，反映了当时"劳资两利""劳资协商"的特点。在经过四十余年的历程之后，为了响应党的十一届三中全会的方针政策，1992年4月经过全面修改的《工会法》颁布实施，这部《工会法》保障了工会工作的顺利进行，维护了广大职工的合法权益，在社会主义建设中发挥了应有的作用。2009年修订的《工会法》突出了工会的维护职能，明确了职工代表大会制度和集体合同制度这两个主要维权制度，维护职工合法权益是工会的基本职责。

2021年12月24日，第十三届全国人大常委会第三十二次会议通过了《关于修改〈中华人民共和国工会法〉的决定》，《工会法》迎来了第三次重要修订。主要修改内容涵盖以下几个方面。

第一，明确工会工作的基本要求。工会必须坚定不移地把握正确的政治航向，深入贯彻党的决策部署，严守党的政治纪律和规矩，确保在思想深处、政治立场及具体行动上，都与以习近平同志为核心的党中央同频共振。此次《工会法》的修订，再次凸显了坚持党的领导的核心地位，明确界定了工会作为中国共产党领导下的工人阶级群众组织的性质，强调了其作为党与广大职工群众之间沟通桥梁和紧密纽带的角色。

第二，积极回应工会工作中的新情况、新问题。新修订的《工会法》积极响应时代需求，明确赋予了新就业形态下劳动者参与和组织工会的合法权益，为这一新兴群体提供了坚实的法律保障。特别强调了工会组织的适应性与创新性，要求工会必须紧跟企业组织形态、劳动关系模式及就业形态等领域的快速发展步伐，确保依法有效维护所有劳动者参与和组织工会的权利。此外，《工会法》还显著拓宽了基层工会组织的覆盖范围，明确了社会组织中劳动者参与的工会权利，进一步夯实了工会组织的基石作用。

第三，做好与相关法律的衔接。最新颁布的《中华人民共和国法律援助法》明确了工会等群团组织在提供法律援助服务时应遵循的基本原则，即它们需参照并有效应用《法律援助法》的各项规定，以确保服务的规范性和专业性。新修订的《工会法》要求县级以上各级总工会严格依法履行其职责，积极为所属工会组织和广大职工群体提供包括法律援助在内的全方位法律服务，切实维护职工合法权益，促进劳动关系的和谐稳定。

二、工会的性质和法律地位

（一）工会的性质

工会的独特性质从根本上区分了它与其他社会组织，鲜明地体现了其社会角色与使命。作为工人阶级为追求政治、经济地位提升而自发集结的工人阶级群众组织，工会具有阶级性、群众性和自愿性这三大标志性特征。具体而言，工会的阶级性深刻揭示了其作为工人阶级坚实后盾的本质；群众性彰显了工会作为工人阶级内部覆盖范围最广、代表性最强的群众组织的地位；自愿性则是工会成立的基石，它强调了工会是职工基于共同意愿与需求自愿结合的组织形式。因此，明确工会的性质，不仅是理解工会本质的关键所在，也是制定和完善工会相关法律法规的重要前提和依据。《工会法》第二条仍然将工会的性质规定为："工会是中国共产党领导的职工自愿结合的工人阶级的群众组织，是中国共产党联系职工群众的桥梁和纽带。"[1] 工会的阶级性、群众性和自愿性在我国的工会立法中得到了肯定。

（二）工会的法律地位

我国工会的法律地位稳固且显著，主要体现在两大核心方面：其一，工会享有独一无二的地位与高度的独立性。这体现在全国范围内，中华全国总工会作为统一领导的核心，构建了一个上下贯通、紧密联结的组织体系，确保了工会工作的协调一致与高效运行；其二，工会还具备法人资格，这一法律身份赋予了工会独立承担民事责任的能力，进一步巩固了其在社会经济生活中的法律地位。我国现行《工会法》第十五条规定："中华全国总工会、地方总工会、产业工会具有社会团体法人资格。基层工会组织具备民法典规定的法人条件的，依法取得社会团体法人资格。"

三、职工民主参与

职工民主参与也被称为职工民主管理或劳动参与，其核心理念在于赋予劳动者直接介入企业管理流程的权利，使他们能够对企业运营中与自身权益紧密相关

---

[1] 学习强会编. 工会法 全国职工八五普法简明读本 [M]. 北京：中国工人出版社，2022.

的决策与管理信息享有知情权。其展现了多个鲜明而重要的特点：第一，这一权利赋予了劳动者参与企业管理的合法地位，但它并不等同于职工有权直接取代企业管理者的角色来执行管理任务。而是有赖于劳动者与企业管理者之间建立起的积极沟通机制，通过双方的协商与合作来共同推进企业管理的各项事务。第二，职工民主参与指劳动者身份下的员工参与企业管理过程，在存在职工持股的企业环境中，员工既是企业的正式职工，又拥有对企业经营决策的投票权和管理影响力。然而，股东的管理权是基于其资本投入和所有权而享有的，而职工的民主管理权则是基于其劳动贡献和作为企业内部成员的身份所获得的。第三，职工民主管理的核心聚焦于那些直接关联职工切身利益的内部事务，鉴于企业的发展命运与职工的福祉紧密相连，民主管理的事务范围应当广泛延伸，覆盖到企业管理的每一个层面和环节。

职工民主参与在优化企业内部治理与劳动关系和谐方面展现出显著的正向效应。其积极影响体现在三个方面：一是让员工与企业成为命运相连、利益相融的共同体，有效激发了员工的工作热情与创造力；二是引导员工将关注点从短期收益转向企业的长远战略规划，促进了企业资源分配的科学性与高效性；三是通过员工的直接参与管理，促进了劳资双方沟通渠道的畅通，构建起了一个信息共享的平台，不仅增强了相互理解，还有效化解了潜在的劳资矛盾，为构建稳定和谐的劳动关系奠定了坚实基础。

在市场经济的大环境下，职工民主参与的方式呈现出丰富多元的面貌，不仅沿袭了历史悠久的职工代表大会这一传统模式，还出现了众多新兴的参与模式。目前，职工代表大会是国有企业职工民主管理的基本形式，在非国有企业中，民主管理的形式呈现多样化的特点。

(一) 职工代表大会

国有企业在推进民主管理的过程中，采用了职工代表大会这一核心方式。职工代表大会确保职工能行使民主管理权力。针对国有企业的职工代表大会，我国《劳动法》中有与其相关的规定，《公司法》中对于国有独资公司的职工代表大会也作出了相应规定，国有独资公司，以及由两个或两个以上国有企业或其他国有投资主体联合设立的有限责任公司，均严格遵循宪法及相关法律法规的指引，通过职工代表大会这一核心途径，有效实施民主管理，确保企业决策过程的民主性与透明度。有关职工代表大会的具体规定主要集中在《中华人民共和国全民所有制工业企业法》中。

尽管现行法律框架下，职工代表大会作为职工民主参与的重要平台，其适用范围主要界定在国有企业内，且实践层面也以国有企业为主阵地，但这并不构成对非国有企业采用此形式的限制。非国有企业可以根据自身经营状况和实际需求，参考国有企业职工代表大会的职权设置与组织制度框架，同时灵活融入自身特色，通过企业与职工双方的充分沟通与协商，共同确定符合企业实际的职工代表大会运作规则与模式。

（二）其他形式

1.平等协商

我国《劳动法》第八条规定："劳动者依照法律规定，通过职工大会、职工代表大会或者其他形式，参与民主管理或者就保护劳动者合法权益与用人单位进行平等协商。"在劳动部发布的《关于〈劳动法〉若干条文的说明》所发布的《若干条文说明》中，明确指出"与用人单位进行平等协商"的条款，适用范围倾向于非国有企业。这里的非国有企业包括合伙企业、个人独资企业这类本土私有制企业，以及融合了国内外资本元素的中外合资经营企业、中外合作经营企业和外资企业等多元化经济实体。

平等协商旨在搭建职工与企业之间就企业经营管理事务及职工切身利益相关议题进行开放、对等交流与协商的平台。这一过程强调双方基于平等地位，通过沟通协商促进企业的稳健发展，并确保职工的合法权益得到保障。

就目前的法律规定而言，《中华人民共和国中外合资经营企业法》《中华人民共和国中外合作经营企业法》和《中华人民共和国外资企业法》中对这些企业的平等协商作出了一些规定，这些企业董事会会议讨论企业的发展规划、生产经营活动等重大事项时，工会的代表有权列席会议，反映职工的意见和要求。董事会会议研究决定有关职工奖惩、生活福利等问题时，工会的代表有权列席会议，董事会应当听取工会的意见，取得工会的合作。

2. 工会或者职工代表列席有关会议

依据我国《公司法》的明确规定，当公司需就涉及职工切身利益的重大事项，如职工薪资水平、福利待遇等进行决策时，必须事先广泛征询并充分听取工会及职工群体的意见，同时邀请工会代表或职工代表作为列席人员参与相关会议。在探讨公司生产经营的关键性问题及制定至关重要的规章制度时，公司亦应积极、主动地吸纳工会及职工的意见与建议，促进决策的民主化、科学化，从而构建和谐稳定的劳资关系。

3. 职工代表参加公司的监事会

依据我国《公司法》的条款，国有独资公司在其董事会与监事会的构成中，必须纳入职工代表，职工代表需经由公司全体职工通过民主程序选举产生，以确保职工在公司治理中的参与权与话语权。股份有限公司监事会也实行股东代表与一定比例职工代表相结合的组成模式，其中职工代表亦是经过公司职工民主选举程序产生的。

四、工会的诉权

（一）工会的起诉权

企业、事业单位工会委员会是职工代表大会的工作机构，负责职工代表大会的日常工作，检查、督促职工代表大会决议的执行，参与协调劳动关系和调解劳动争议，与企业、事业单位行政部门共同建立协商制度，协商解决涉及职工切身利益问题。

在市场经济中，劳动者与用人单位之间的力量对比往往呈现出不平衡的状态，劳动者常处于相对弱势的地位。特别是在建筑、采矿、餐饮服务等劳动密集型领域，受限于知识水平、经济资源等因素，劳动者的合法权益面临更高风险，乃至在某些行业区域，侵权现象呈现出普遍性特征。鉴于此，工会作为劳动者权益的守护者，可以跨越单一企业的界限，从行业乃至地区的宏观视角出发，积极介入并努力维护劳动者的合法权益，这一行动对于扭转劳动者弱势地位、促进公平就业环境而言,具有不可估量的重要性与紧迫性。《劳动合同法》第五十三条规定:"在县级以下区域内,建筑业、采矿业、餐饮服务业等行业可以由工会与企业方面代表订立行业性集体合同,或者订立区域性集体合同。"第五十四条第二款规定:"行业性、区域性集体合同对当地本行业、本区域的用人单位和劳动者具有约束力。"

《劳动合同法》第五十六条规定:"用人单位违反集体合同,侵犯职工劳动权益的,工会可以依法要求用人单位承担责任;因履行集体合同发生争议,经协商解决不成的,工会可以依法申请仲裁、提起诉讼。"工会的起诉权,本质上源自其作为集体合同签约方所享有的权利体系,是签约权的一种自然延伸。依据合同相对性原则,当用人单位违反合同义务时,唯有工会具备提请仲裁或发起诉讼的合法权利。此外,考虑到用人单位违约行为涉及全体职工利益,若任由职工个体各自为战,不仅难以形成有效的维权合力,还可能因重复劳动而增加仲裁与诉讼成本,造成社会资源的无谓消耗。因此,在集体合同履行过程中遭遇争议且协商无果时,由工会依法出面申请仲裁或提起诉讼,无疑是最为恰当且高效的解决途径。

《工会法》第十一条第四款规定:"同一行业或者性质相近的几个行业,可以根据需要建立全国的或者地方的产业工会。"然而,我国工会体系的一个显著特点是,除了各单位内部的工会组织,大多遵循行政层级架构设立,而行业性、产业性工会的成长步伐则显得相对迟缓。此外,《劳动合同法》在赋予工会起诉权方面存在模糊地带,具体体现在两个核心问题上:首先,诉权归属不明确。当行业性、区域性集体合同遭遇用人单位违反时,究竟是由产业工会还是具体用人单位的工会来行使诉权,这一关键事项在《劳动合同法》中并未得到清晰界定。其次,工会诉权的行使缺乏必要的法律支持与衔接机制。目前,我国劳动法与民法、行政法之间的界限不够清晰,且劳动法领域尚缺乏独立的诉讼法体系,这一现状无疑制约了劳动争议案件得到及时、公正处理的能力。

鉴于合同的相对性原则,从法律逻辑上讲,产业工会作为行业性、区域性集体合同的直接签约方,自然享有相应的诉权。然而,考虑到我国实际情况,用人单位内部的工会虽非此类集体合同的直接签约者,但它们在维护职工权益方面扮演着至关重要的角色,且对职工群体及具体案情有着更为深入的了解。因此,从现实需求与效率出发，在当前阶段应灵活解读《劳动合同法》的相关规定，赋予用人单位工会以一定的诉权，使其能够在必要时代表职工提起诉讼。

（二）职工违反集体合同发生争议时工会的诉权

集体合同争议，其核心在于集体合同的签订与执行过程中，所引发的关于用人单位与劳动者共同权利义务的分歧。依据国际通行的立法与法理框架，此类争议大致可划分为两大类别：一是围绕集体合同签订（或变更）过程产生的争议，被称为"利益争议"，它主要聚焦于合同订立阶段，是双方当事人在如何设定合同条款上存在的分歧，涉及的是尚未明确或待定的权利与义务关系；二是因集体合同执行过程中产生的争议，被称为"权利争议"，它发生在合同已生效并执行的背景下，是双方当事人就如何具体实现合同条款内容所引发的争议，实质上是对合同中已明确规定的权利与义务执行方式或结果的不满或争议。

集体合同争议既非个体劳动争议，也非集体争议，其独特性显著地体现在以下两大方面。

首先，争议主体的构成存在差异。集体合同争议的主体具有明确的双边性，一方是由工会或职工推选的代表及企业的全体职工共同构成，另一方则是用人单位。相比之下，个体劳动争议的主体则直接而单一，仅涉及单个劳动者与用人单位之间的纠纷。至于集体争议，虽然也涉及多名职工（通常为三人或以上），但其主体一方为不特定数量的劳动者，他们因共同的理由而联合，但本质上这些争议仍可视作多个独立个体劳动争议的集合，其核心仍是个体性质的劳动争议。

其次，争议的标的不同。集体合同争议的标的，聚焦于工会所代表的全体劳动者所共享的共同劳动权利与义务，体现了一种集体性的利益诉求。相反，个体劳动争议的标的则具体指向作为劳动合同直接签约方的个体劳动者所享有的特定权利与应履行的义务，具有鲜明的个体性。而集体争议，虽然涉及多名劳动者，但其标的更多是针对部分特定劳动者的劳动权利与义务，虽然规模上可能较大，但本质上仍属于个体权益的集合。

在我国，集体合同争议的处理可分为签订阶段与执行阶段。就集体合同签订阶段发生的争议而言，其解决途径被限定为协商或行政协调，而排除了调解、仲裁及诉讼等法律手段。这一限制背后有其深层次原因：首先，规定不能调解主要是考虑到我国企业劳动争议调解委员会多由工会主导，若再由其介入调解集体合同签订阶段的争议，可能存在利益冲突，影响调解的公正性；其次，仲裁与诉讼的不可行，源于我国法律体系尚未赋予职工罢工权或用人单位闭厂权，因此集体协商强调以和平方式进行，双方应避免采取过激行动。根据2004年劳动部颁布的《集体合同规定》，对于地方各类企业及未跨省（自治区、直辖市）的中央直属企业，在签订集体合同过程中产生的争议，其管辖范围由省级劳动行政部门负责明确界定。而对于全国性集团公司、行业性公司以及跨越省（自治区、直辖市）边界的中央直属企业，因签订集体合同而引发的争议，则由国务院劳动行政部门负责指定相关省级劳动行政部门进行管理，或直接由国务院劳动行政部门牵头，组织相关各方进行协调处理。在此基础上，县级以上劳动行政部门被确立为处理因签订集体合同而发生争议的主要协调机构。为了高效运作，这些劳动行政部门内部设立了专门的劳动争议协调处理机构，作为日常工作的执行部门，负责受理并协调处理各类集体合同争议事项。其主要职责涵盖多个方面：①对集体合同争议进行全面调查，深入了解争议的具体情况和背景；②基于调查结果，研究并制订出一套切实可行的协调处理方案；③根据方案对争议进行积极有效的协调处理，力求达成双方都能接受的解决方案；④在处理过程中，制作《协调处理协议书》，明确双方的权利与义务，并监督协议的执行情况，确保处理结果得到落实；⑤做好相关统计与归档工作，将处理结果及时上报给上级劳动行政部门备案，以便于后续监管与总结；⑥在必要时，向政府报告争议处理情况，并提出相关的政策或管理建议，以促进劳动关系的和谐稳定。依据相关规定，集体合同签订阶段产生的争议无法通过双方自行协商解决时，任何一方或双方均可向劳动行政部门下属的劳动争议协调处理机构正式提交书面申请，请求介入协调处理。若双方均未主动提出申请，但劳动行政部门认为有必要介入，亦可根据实际情况主动开展协调工作。在此过程中，劳动行政部门将负责制定《协调处理协议书》，该协议需由争议双方当事人的首席代表以及协调处理工作的负责人共同签字并加盖公章，以示确认。一旦《协调处理协议书》正式下达，双方当事人均应严格遵守并执行协议中的各项条款。

对于集体合同执行阶段发生争议,《劳动合同法》第五十六条规定:"用人单位违反集体合同,侵犯职工劳动权益的,工会可以依法要求用人单位承担责任;因履行集体合同发生争议,经协商解决不成的,工会可以依法申请仲裁、提起诉讼。"据此,用人单位与工会代表(职工代表)应当协商解决,协商不成的可以采用仲裁或诉讼的方式解决。需要注意一点,《劳动法》第八十四条第二款规定:"因履行集体合同发生争议,当事人协商解决不成的,可以向劳动争议仲裁委员会申请仲裁;对仲裁裁决不服的,可以自收到仲裁裁决书之日起十五日内向人民法院提起诉讼。"而《劳动合同法》第五十六条对此规定略有不同,《劳动合同法》规定对于用人单位违反集体合同,侵犯职工劳动权益的,工会可以不经仲裁而直接向人民法院提起诉讼,因此,仲裁已不再是提起诉讼的必经程序。这种处理方式突破了传统的"先裁后审"体制,采取了"或裁或审"模式,尊重了工会对争议处理的选择权,这样可以缩短处理时间,降低争议处理成本。

对于职工违反集体合同的情形,工会是否需要承担责任呢?根据《劳动合同法》规定,具体来说,工会的权利和职责主要表现为以下几方面:①帮助、指导劳动者与用人单位依法订立和履行劳动合同;②当用人单位单方提出解除劳动合同时,应当事先将理由通知工会;③工会代表企业职工一方与用人单位订立集体合同;④用人单位违反集体合同,侵犯职工劳动权益的,工会可以依法要求用人单位承担责任;⑤工会对用人单位履行劳动合同、集体合同的情况进行监督;⑥劳动者申请仲裁、提起诉讼的,工会依法给予支持和帮助。因此,出现劳动争议时,工会应当履行的职责是代表职工与企业协商、帮助劳动者申请仲裁、提起诉讼,而不是由工会代替职工承担责任。

第三节 工资法分析

一、工资的概念和特征

从定义上来看,工资指的是用人单位基于法律法规的规定和集体合同、劳动合同的约定,根据劳动者提供的劳动数量和质量直接支付给劳动者的货币报酬。

作为劳动者最为直接的经济利益体现，工资具有以下特征。

首先，工资是劳动者基于与用人单位的劳动关系取得的劳动报酬。这种劳动关系是双方基于平等自愿的原则建立的，劳动者通过提供自己的劳动技能和时间，为用人单位创造价值，而用人单位则根据劳动者的贡献支付相应的工资。其次，工资是按照国家法律法规的规定和集体合同与劳动合同的约定，由用人单位向本单位的劳动者支付的。这一特性体现了工资支付的法制性和规范性，同时，集体合同和劳动合同作为双方约定的法律文书，也为工资的支付提供了具体的依据，这种法制化和规范化的工资支付，不仅保障了劳动者的合法权益，也促进了用人单位的健康发展。最后，工资是用人单位支付给本单位劳动者的货币报酬，不包括实物报酬。这一特性强调了工资的货币属性，即工资必须以货币形式支付，而不能以实物或其他形式替代。这种货币属性的工资支付，便于劳动者对工资的使用和支配，也便于国家对工资的监管和统计。

二、工资形式

工资形式是指计量劳动和支付工资的形式。我国现行的工资形式具体包括以下几种。

（一）计时工资

计时工资，顾名思义，是指按照计时工资标准和劳动者实际的工作时间来支付工资报酬的方式。这种支付方式的核心在于"计时"，即劳动者的工作时间成为计算工资的直接依据。计时工资制度的具体形式有很多种，其中最为常见的有月工资制、日工资制和小时工资制三种。月工资制是以月为周期来计算工资的方式；日工资制是按照劳动者每日的实际工作时间来计算工资的；小时工资制是最为灵活的一种计时工资形式，它直接以小时为单位来计算工资，适用于那些工作时间短、任务量小的岗位，如兼职、临时工作等。

（二）计件工资

计件工资，是根据劳动者提供的合格产品的数量和规定的计件单价来支付工资的一种形式。在计时工资制度下，不同岗位、不同技能水平的劳动者往往难以获得与其劳动成果相匹配的报酬，而计件工资制度则通过设定合理的计件单价，确保了每一位劳动者都能够根据自己的实际劳动成果获得相应的报酬。这种公平性不仅体现在劳动者之间，也体现在企业与劳动者之间，企业根据劳动者的实际贡献支付工资，既保证了企业的经济效益，也保障了劳动者的合法权益。

（三）奖金

作为工资的补充形式，奖金的作用在于对劳动者超额劳动的认可与奖励。这种超额劳动，可以体现为生产数量的超出、产品质量的提升、资源的有效节约等各个方面，例如，超产奖、质量奖、节约奖等，都是围绕劳动者在生产过程中的具体表现而设立的，它们是对劳动者辛勤付出的最直接回馈。除了对劳动者在生产过程中的具体贡献进行奖励外，奖金还体现了对劳动者创造性和创新精神的尊重。在日益激烈的市场竞争中，企业的生存与发展离不开创新，例如创造发明奖、劳动竞赛奖等，都是为了鼓励劳动者在工作中积极思考、勇于创新而设立的。这些奖项的设立，不仅激发了劳动者的创造潜能，更为企业带来了源源不断的创新动力。

（四）津贴

津贴作为工资体系中的一部分，其核心目的是对职工在特殊工作环境下的劳动消耗进行补偿。这种补偿不仅体现在物质层面，如提供额外的经济支持，以应对因工作环境带来的额外生活费用支出；更体现在精神层面，是对职工辛勤付出和牺牲的一种认可和尊重。

津贴的种类繁多，主要包括以下几类。

第一，按工作特点和劳动条件设置的津贴，是津贴体系中最为常见的一类。这类津贴主要针对那些工作环境恶劣、劳动条件艰苦的岗位。高温津贴和野外工作津贴就是其中的典型。在高温环境下工作的劳动者，由于长时间暴露在高温中，身体容易受到伤害，因此需要给予他们一定的高温津贴，同样，野外工作津贴也是为那些在偏远地区或恶劣环境下工作的劳动者提供的津贴，以确保他们的劳动成果得到合理的回报。

第二，还有为特殊劳动和额外生活支出的双重性设置的津贴，林区津贴和流动施工津贴就是针对这些特殊劳动群体而设立的。由于林区工作者的工作环境特殊，生活条件艰苦，需要额外的津贴来应对这些困难；流动施工人员则因为工作需要经常在不同地区流动，他们的生活成本较高，因此也需要额外的津贴来保障他们的生活水平。

第三，还有为特种保健要求设立的津贴，如保健津贴和医疗卫生津贴等。这类津贴主要针对那些从事特殊职业或在高风险环境中工作的劳动者。例如，一些职业病高发行业的劳动者，他们需要定期进行体检和治疗，因此需要给予他们一定的保健津贴。医疗卫生津贴则是为那些需要经常接触有害物质或病原体的医务人员提供的。

第四，还有为补偿物价变动设置的津贴，如生活费补贴和价格补贴。这类津贴旨在保障劳动者的基本生活水平不受物价波动的影响。

第五，还有岗位津贴这一特殊的津贴形式，这类津贴主要针对那些从事特定岗位或工作的劳动者。例如，从事废旧物资回收加工利用工作的劳动者，他们的工作需要付出更多的劳动力和时间，因此应给予他们一定的岗位津贴。

（五）年薪

年薪是以一年为时间单位来支付劳动者工资的一种特殊工资形式。年薪制的特殊性在于，它并不适用于所有员工，而是主要聚焦于企业的高级管理人员。2000年11月，劳动和社会保障部发布的《进一步深化企业内部分配制度改革指导意见》中明确指出，要在具备条件的企业积极试行董事长、总经理年薪制。这一政策的出台，标志着年薪制在中国企业的正式推广和应用。

（六）特殊情况下的工资支付

特殊情况下的工资支付，是指根据法律规定或基于集体合同与劳动合同的约定，在非正常情况下，用人单位对本单位劳动者的工资支付行为。

1. 加班加点工资

《劳动法》第四十四条明确指出，用人单位在特定情况下应当支付高于劳动者正常工作时间工资的工资报酬。这里的"特定情况"主要包括三个方面：首先，是延长工作时间的情况。在快节奏的现代社会中，劳动者加班已经成了一种常态，但劳动并非无价的，每一个小时的付出都应当得到相应的回报，因此，法律要求用人单位对于超出正常工作时间的部分，至少应当支付150%的工资报酬，这是对劳动者超时劳动的尊重和补偿。其次，对于休息日安排工作的情况，法律规定企业至少要付给员工200%的工资报酬。最后，如果用人单位在法定休假日安排劳动者工作，那么其支付的工资报酬应当高达正常工资的300%。

2. 休假期间的工资

劳动者依法享受年休假、探亲假、婚假、丧假期间，用人单位应按劳动合同规定的标准支付劳动者工资。2007年12月14日国务院颁布的《职工带薪年休假条例》第5条规定："对职工应休未休的年休假天数，单位应当按照该职工日工资收入的300%支付年休假工资报酬。"

3. 依法参加社会活动期间的工资

劳动者在法定工作时间内，依法参加社会活动期间，用人单位应视同其提供了正常劳动而支付工资。这些社会活动包括：①依法行使选举权或被选举权；②当选代表出席乡（镇）、区以上政府、党派、工会、青年团、妇女联合会等组织召开的会议；③出任人民法院证明人；④出席劳动模范、先进工作者大会；⑤《工会法》规定的不脱产工会基层委员会委员因工会活动占用的生产或工作时间；⑥其他依法参加的社会活动，如《江苏省工资支付条例》第三十条规定的"参加兵役登记等应征事宜和预备役人员参加军事训练"等活动。

4. 停工、停产期间的工资

根据相关法律法规的规定，单位在遭遇非劳动者原因导致的停工、停产后，应当依据劳动合同的约定，继续支付劳动者的工资。这一支付义务并不因停工、停产时间的长短而改变，即使超过一个工资支付周期，劳动者仍有权获得其应得的工资报酬。

5. 用人单位破产时的工资

当用人单位依法破产时，劳动者有权获得其应得的工资，这是我国法律法规赋予劳动者的基本权利。此外，根据《中华人民共和国企业破产法》的规定，在破产清偿的序列中，劳动者的工资清偿顺序是优先的。这意味着，在用人单位破产时，其必须先清偿欠付劳动者的工资，然后再进行其他债权的清偿。

6.特殊人员的工资支付

劳动者受处分后的工资支付，可以分为两种情况来看。第一种情况是劳动者在受到行政处分后仍然在原单位工作，或者因刑事处分后重新就业的。这种情况下，根据一般原则，用人单位应根据劳动者的具体情况自主确定其工资报酬。这里所指的"具体情况"，包括但不限于劳动者受处分的严重程度、其在单位的工作表现、岗位性质等因素。用人单位在作出决定时，应充分考虑这些因素，并结合自身的经营情况和岗位需求，合理确定劳动者的工资水平。然而，这也并不意味着用人单位可以随意决定劳动者的工资报酬。用人单位在作出决定时，必须遵循公平、公正、合法的原则，不得侵犯劳动者的合法权益。如果用人单位的决定存在明显的不合理或违法行为，劳动者有权向相关部门投诉或提起诉讼，以维护自己的合法权益。第二种情况是劳动者在依法被取保候审、缓刑或被假释、监外执行期间，劳动合同未解除且正常劳动的。这种情况下，根据相关法律规定，用人单位应依劳动合同或本单位规章制度支付工资。

对于学徒工、熟练工和大中专毕业生而言，他们在进入职场之初，通常都需要经历一个学习、适应和成长的过程。在这个过程中，他们的工资待遇应由用人单位自主确定。

对于新就业复员军人而言，他们在服役期间为国家作出了巨大的贡献，退役后理应得到社会的尊重和关爱。用人单位在自主确定新就业复员军人的工资待遇时，应充分考虑他们的服役经历、专业技能和综合素质等因素，给予他们合理的待遇和广阔的发展空间。而对于分配到企业的军队转业干部而言，他们作为国家的宝贵财富和人才资源，在转业后应得到妥善的安置和合理的待遇，因此，企业应按照国家有关规定执行军队转业干部的工资待遇。

三、疑难问题分析

（一）提成式报酬的效力问题

工资，是指用人单位依据国家有关规定或劳动合同的规定，以货币形式直接支付给本单位劳动者的劳动报酬。按照工资的确定方式，工资可分为计时工资、计件工资、奖金、津贴等。按照国家统计局《关于工资总额组成的规定》的规定，计件工资是指对已做工作按计件单价支付的劳动报酬，其中就包括按营业额提成或利润提成办法支付给个人的工资。由此可以看出，提成工资是计件工资制的主要方式之一，它是指职工集体或个人的工资收入按照一定比例从营业收入、销售收入或利润中提取。这种计件工资形式主要适用于劳动成果难以用事先制定劳动定额的方式计算、不易确定计件单价的工作，如服务性工作、文艺演出等。

但是需要注意的是，实践中还有一些销售企业也采取基本工资加提成工资的分配方式。提成工资是企业鼓励业务员付出更多劳动的奖励办法，是用人单位应支付劳动者基本工资的重要补充。基本工资是固定的，而奖励工资则因人而异，提成工资是业务员在完成一定的推销业务的基础上对其超额部分的奖励，属于业务员享有基本工资以外所应得的劳动报酬。

提成约定在不考虑员工与用人单位之间存在从属性的特点时，与普通的民事合同约定没有太大的区别，因此在效力认定上应以有效为原则。但由于用人单位在劳动者完成提成项目的过程中总是存在或多或少的管理行为，劳动者的行为并不能像合同相对方那样完全独立，因此在效力认定上应考虑用人单位的管理或干预程度来综合判断，是否存在用人单位免除自己法定责任、排除劳动者权利的情形来调整该约定的效力，但该提成约定不得导致劳动者每月可得收入低于当地最低工资标准。

（二）劳动合同无效后劳动报酬支付问题

在现代社会，劳动合同作为调整劳动关系的重要法律工具，其特殊性不容忽视。与一般民事合同相比，劳动合同不仅承载着双方的经济利益，更体现了劳动者与用人单位之间的人身从属关系，具有显著的人身属性和实际履行的特点。对此，对于劳动合同的处理不能照搬民事合同中的无效、撤销制度，否则，不仅无法有效处理已经发生的劳动支付义务，还会引发大量纠纷。例如，当劳动者已经完成了一定的劳动给付义务后，如果简单地撤销劳动合同，那么劳动者已经付出的劳动将无法得到合理的补偿；同时，用人单位也会因为撤销合同而失去已经获得的劳动成果。这样的结果显然是不公平的，也不利于维护劳动关系的稳定和和谐。

因此，为了保障劳动者的合法权益，我国《劳动法》规定，在特定情况下，即使劳动合同被确认无效，用人单位仍需向劳动者支付劳动报酬。此外，这一条款不仅适用于普通劳动合同无效的情况，还适用于无营业执照经营的单位被依法处理的情况。然而，值得注意的是，用人单位与劳动者有恶意串通损害国家利益、社会公共利益或他人合法权益的情形的除外。在这种情况下，劳动者与用人单位之间的行为已经超出了正常的劳动关系范畴，构成了对法律和社会秩序的破坏，所以，对于这种情况下的劳动者已付出劳动，用人单位无须支付劳动报酬。

我们还应当注意到劳动合同无效后劳动报酬支付的具体操作问题。在实践中，由于劳动合同无效的原因多种多样，劳动者已付出劳动的具体情况也千差万别。因此，在确定用人单位应当向劳动者支付多少劳动报酬时，应当综合考虑多种因素，如同类岗位劳动者的劳动报酬、劳动者的工作性质、工作时间、工作量等。同时，为了确保用人单位能够及时、足额地支付劳动报酬，法律还规定了相应的监督和处罚措施。

此外，对于因用人单位过错导致劳动合同无效而给劳动者带来的其他损失，如职业发展受阻、精神损害等，劳动者也有权要求用人单位进行经济补偿。这种经济补偿不仅是对劳动者实际损失的一种弥补，更是对用人单位过错行为的一种惩罚和震慑。但仅仅给予劳动者经济补偿是不够的，我们还需要对用人单位进行相应的制裁。这是因为，用人单位作为劳动关系中的强势一方，其过错行为往往会对劳动者造成更大的伤害。如果不对其进行制裁，就难以起到预防和震慑的作用。

（三）加班工资基数确定问题

劳动者接受用人单位安排延长工作时间，用人单位应支付相应的加班费。对于加班费的支付标准问题，《劳动法》第四十四条作了明确规定：有下列情形之一的，用人单位应当按照下列标准支付高于劳动者正常工作时间工资的工资报酬：①安排劳动者延长工作时间的，支付不低于工资的百分之一百五十的工资报酬；

②休息日安排劳动者工作又不能安排补休的，支付不低于工资的百分之二百的工资报酬；③法定休假日安排劳动者工作的，支付不低于工资的百分之三百的工资报酬。概言之，用人单位需按照不低于工资的 150%、200%、300% 支付加班费。

然而，在实际操作中，不同用人单位在工资构成项目的确定上往往存在很大的差别。一些单位可能在工资构成中明确列出了各种福利、补贴等项目，但这些项目在性质上并不属于员工因正常劳动而获得的收入。因此，在计算加班工资时，计算基数应将这些项目排除在外。具体而言，首先，判断工资构成中的哪些项目属于用人单位可自行决定给付的福利，如年终奖、绩效奖金、高温津贴等，这些福利项目通常与员工的劳动表现或工作环境相关，而非基于其正常劳动时间所获得的报酬，因此不应计入加班工资的计算基数。其次，除了福利项目，还需要关注那些受月份及多种因素影响的工资项目。这些项目可能是由于市场波动、公司业绩等因素而变化的，其金额并不稳定，也不属于员工因正常劳动而获得的稳定收入。因此，在计算加班工资时，对于这些项目也应予以排除。例如，销售人员的提成收入可能因市场状况而大幅波动，不应作为计算加班工资的基数。最后，还需要注意当月给付工资的项目是否均属于当月期间应得的工资。在实际工作中，有时会出现以前月份的工资或奖金一并发放的情况。这些款项虽然与当月工资一同发放，但并不属于当月期间员工应得的劳动报酬。因此，在计算加班工资时，对于这些以前月份一并发放的款项应当予以扣除。只有这样，才能确保加班工资的计算基数真实反映了员工在正常劳动情形下的工资收入。

此外，对于是否将提成或奖金纳入加班工资的计算基数，应当基于双方的劳动合同约定。在很多情况下，员工的薪酬制度采用提成制，这意味着其报酬主要依据销售、业务完成量或其他绩效指标来计算。在这种制度下，如果提成报酬并非建立在固定工作时间之上，即员工的提成收入与加班时间没有直接关联，那么从逻辑上讲，这部分收入就不应被纳入加班工资的计算基数。这是因为提成报酬已经是对员工超出固定工作时间之外努力的额外补偿，再将其纳入加班工资计算，就存在重复计算的问题。然而，也必须警惕一种可能的陷阱，那就是用人单位可能会通过巧妙的制度设计，以提成或奖金的形式变相降低员工的固定工资，从而达到减少加班工资给付的目的。这种做法显然是不公平的，它剥夺了员工应有的权益。因此，在判断提成或奖金是否应纳入加班工资计算基数时，我们还需要深入探究其背后的实质。如果提成或奖金实际上是固定工资的变相形式，那么它们就应当被纳入加班工资的计算基数，以确保员工的合法权益不受侵害。

而对于以日或者小时计算加班工资的基数的，可参照《江苏省工资支付条例》第六十四条。首先，加班工资的计算应优先考虑劳动合同中的约定。这意味着，如果劳动合同中明确规定了劳动者的基本工资、绩效工资等构成部分及计算方法，那么在计算加班工资时，应以此为依据，确保劳动者因加班而获得的额外报酬与其劳动付出相匹配。然而，现实中并非所有劳动合同都会详细约定加班工资的计算基数，此时，我们应参考集体合同的相关规定。如果劳动合同和集体合同均未对加班工资的计算基数作出约定，我们则需要依据劳动者正常劳动应得的工资来确定。需要特别强调的是，依照上述原则确定的加班工资基数不得低于国家规定的最低工资标准。

第四节 社会保险法分析

一、社会保险法的概念、调整对象和适用范围

（一）社会保险法的概念

社会保险法是调整社会保险关系的法律规范的总称。在我国，社会保险法有广义和狭义之分。狭义的社会保险法仅指2010年10月28日第十一届全国人民代表大会常务委员会第十七次会议通过的《社会保险法》。广义的社会保险法还包括宪法、法律、行政法规中关于社会保险的相关规定。社会保险法是中国特色社会主义法律体系的重要组成部分，对于维护劳动者的社会保险权，保障劳动者共享改革发展成果，促进我国社会保险制度的定型、稳定与可持续发展，推动我国经济的转型，维护社会和谐稳定和国家长治久安具有重要意义。

社会保险法不同于传统的法律，它以社会利益为本位，主要强调对社会公益、社会公平、社会安全等社会发展目标的追求，对弱势群体和公共利益的保护，具

有明显的社会法性质。

（二）社会保险法的调整对象和适用范围

社会保险法的调整对象是社会保险关系。法律意义上的社会保险关系，是指依据社会保险法律法规的规定，社会保险经办机构与社会成员或者用人单位、劳动者之间在社会保险中的权利和义务关系，它包括养老保险关系、医疗保险关系、失业保险关系、工伤保险关系和生育保险关系。

我国《社会保险法》确立了由国家建立的基本养老保险、基本医疗保险、工伤保险、失业保险、生育保险等社会保险制度组成的社会保险体系基本框架，并明确了各项社会保险制度的适用范围。

第一，基本养老保险制度和基本医疗保险制度覆盖了我国城乡全体居民。即用人单位及其职工应当参加职工基本养老保险和职工基本医疗保险；无雇工的个体工商户、未在用人单位参加社会保险的非全日制从业人员及其他灵活就业人员可以参加职工基本养老保险和职工基本医疗保险；农村居民可以参加新型农村社会养老保险和新型农村合作医疗；城镇未就业的居民可以参加城镇居民社会养老保险和城镇居民基本医疗保险。同时，规定进城务工的农村居民依法参加社会保险；公务员和参照公务员法管理的工作人员养老保险的办法由国务院规定。

第二，工伤保险、失业保险和生育保险制度覆盖了所有用人单位及其职工。

第三，被征地农民按照国务院规定纳入相应的社会保险制度。被征地农民到用人单位就业的，都应当参加全部五项社会保险。对于未就业者，转为城镇居民的，可以参加城镇居民社会养老保险和城镇居民基本医疗保险，继续保留农村居民身份的，可以参加新型农村社会养老保险和新型农村合作医疗。

第四，在中国境内就业的外国人，也应当参照法律规定参加我国的社会保险。

二、社会保险类型

（一）养老保险

养老保险，又称老年保险，是劳动者在达到法定退休年龄或因年老丧失劳动能力后,由国家和社会提供物质帮助以保障其基本生活需要的一种社会保险制度。国家颁布了《国务院关于机关事业单位工作人员养老保险制度改革的决定》《城乡养老保险制度衔接暂行办法》《国务院关于建立企业职工基本养老保险基金中央调剂制度的通知》等政策法规进一步规范养老保险制度。

(二)医疗保险

医疗保险,是现代社会保障体系中的重要组成部分,旨在确保被保险人在面临疾病、伤害或生育等健康风险时,能够得到及时、有效的医疗救治,并减轻因此产生的经济负担。其核心理念在于,通过社会共担的方式,形成一张广阔的保障网,覆盖广大职工的医疗健康需求,同时实现资源的合理利用和社会公平。国务院颁布《关于整合城乡居民基本医疗保险制度的意见》《关于健全重特大疾病医疗保险和救助制度的意见》等政策法规,推进医疗保险制度改革,实现城乡居民公平享有基本医疗保险权益。

劳动者投保以后,可享受规定的医疗保险待遇,如患病期间享受病假、报销一定比例的医疗费用、获得疾病津贴等。医疗保险实行统一覆盖范围、统一筹资政策、统一保险待遇、统一医保目录、统一定点管理、统一基金管理的"六统一"政策,这种保险制度对促进国民的健康,满足劳动者健康需求发挥了重要的作用。

(三)工伤保险

工伤保险指的是当劳动者在生产、工作中不幸遭受事故伤害或罹患职业性疾病时,为其提供及时的医疗救治、生活保障及必要的经济补偿,以确保他们的基本生活不因工作的风险而陷入困境。

具体来说,工伤保险为劳动者提供了医疗救治的保障。在工作场所或规定的特殊情况下,一旦劳动者发生意外伤害或患上职业病,工伤保险制度将立即启动,为劳动者提供必要的医疗救治服务。这不仅包括紧急的抢救措施,还包括后续的康复治疗和长期的医疗照顾。工伤保险保障了劳动者可以无后顾之忧地接受治疗,从而尽快恢复健康,重返工作岗位。此外,工伤保险还为劳动者提供了生活保障和经济补偿。在遭受意外伤害或职业病的情况下,劳动者可能面临暂时或永久丧失劳动能力的困境。工伤保险通过给予一定的生活保障和经济补偿，使劳动者能够维持其基本生活所需，避免因经济问题而陷入贫困或陷入更深的社会困境。工伤保险的作用还体现在预防和减少工伤事故方面。通过加强工伤保险的宣传和教育，可以提高劳动者对安全生产和职业健康的认识和重视，从而减少工伤事故的发生。同时，工伤保险还可以引导企业加强安全生产管理，改善劳动条件，降低职业风险，从根本上预防工伤事故的发生。

根据《工伤保险条例》的规定，工伤保险的适用范围包括中国境内的企业、事业单位、社会团体、民办非企业单位、基金会、律师事务所、会计师事务所等组织和有雇工的个体工商户。职工发生工伤后，依照规定，享受以下工伤保险待遇。

1. 医疗康复待遇

医疗康复待遇包括工伤治疗及相关补助待遇，康复性治疗待遇，人工器官、矫形器等辅助器具的配置待遇等。

2. 停工留薪期待遇

所谓停工留薪期，指的是工伤职工因工作遭受事故伤害或者患职业病后，需要暂停工作接受工伤治疗，并继续享受原工资福利待遇的期限。在此期间，工伤职工虽然无法继续从事原工作，但他们的生存权和劳动权依然应当得到尊重和保护，这意味着，工伤职工在停工留薪期间，其原有的工资、奖金、津贴、补贴、加班费等福利待遇应当保持不变，并由所在单位按月支付。此外，对于生活不能自理的工伤职工，所在单位应为其提供必要的护理和照顾。

3. 伤残待遇

工伤职工根据不同的伤残等级，享受一次性伤残补助金、伤残津贴、一次性工伤医疗补助金、一次性伤残就业补助金及生活护理费等待遇。

4. 工亡待遇

根据相关法律法规的规定，职工因工死亡后，其直系亲属有权领取丧葬补助金、供养亲属抚恤金和一次性工亡补助金。

从以上各类待遇的构成和支付渠道上来看，工伤保险充分体现了救治、经济补偿和职业康复相结合，以及分散用人单位工伤风险的要求。

（四）失业保险

失业保险是指国家通过立法强制实行的制度，其核心是建立由社会集中建立的基金，旨在为因失业而暂时中断生活来源的劳动者提供物质帮助，它不仅是社会保险的主要项目之一，也是保障劳动者基本生活需求的重要措施。国务院首次于 1999 年 1 月 20 日发布施行《失业保险条例》，规定了失业保险待遇及领取标准、期限等。

失业保险待遇的相关法律法规主要包括以下几个方面。

①《失业保险条例》：该条例规定了失业保险的基本制度和运行机制，包括失业保险的基本原则、参保范围、缴费标准、失业保险金的计算和支付等。

②《失业保险金申领发放办法》：该办法规定了失业保险金的计算和支付细则，包括失业保险金的计算公式、最高和最低失业保险金标准、申领和发放程序等。

（五）生育保险

生育保险作为现代社会保障体系的重要组成部分，是一项经过国家立法确立，旨在女性因生育子女而暂时中断劳动时，由国家和社会共同给予生活保障和物质帮助的社会保险制度。这一制度的诞生，不仅体现了国家对于女性生育权益的尊重和保护，更是对于生育妇女身心健康及婴儿成长环境的高度关怀。第九届全国人民代表大会常务委员会于 2001 年 12 月 29 日修订通过了《中华人民共和国人口与计划生育法》，劳动部于 1994 年 12 月 14 日发布了《企业职工生育保险试行办法》，规定了生育保险基金筹集办法及生育津贴、生育医疗费领取报销办法。

生育保险以执行国家生育政策为基本条件。生育保险的对象主要是女职工，这是因为生育过程对女职工来说，不仅意味着短暂的劳动力中断，还伴随着直接的经济损失和身体健康损失。在怀孕期间，女职工需要定期产检、补充营养并充分休息，这些都可能导致她们收入的减少或工作时间的减少。此外，分娩过程中可能遇到的各种风险和产后恢复的需要，也给女职工带来了沉重的身体和经济负担。因此，女职工成了生育保险最直接和最主要的受益者。然而，值得注意的是，一些企业也对男职工给予了一定的生育保险待遇。这些待遇通常包括陪产假、育儿假等，旨在鼓励男性更多地参与家庭育儿，分担女性的家庭责任。虽然这些待遇属于企业自主行为，国家并没有强制规定，但它们无疑是对传统家庭角色分工的一种挑战和突破，有助于推动家庭关系的平等和和谐。

三、疑难问题分析

（一）因违规被开除的失业人员可否领取失业保险金问题

失业保险金是在失业人员暂时失去工作、失去稳定收入来源的艰难时期，为他们提供的临时性经济支持。失业保险金依法从失业保险基金中列支。

不过，失业保险金的发放并不是随意的，它有一套严格的条件和程序。根据《社会保险法》第四十五条的规定，参加失业保险的城镇企业事业单位职工失业后要领取失业保险金，必须符合一定的条件：一是按照规定参加失业保险，所在单位和本人已按规定履行缴费义务满一年，这也是最主要的条件；二是非因本人意愿中断就业；三是已办理失业登记，并有求职要求。失业人员必须同时满足上述条件才能申请领取失业保险金及其他待遇。对不符合条件的，失业保险经办机构应当拒绝其申请，并告知其拒绝的理由。

《社会保险法》第四十五条第二款规定，"非因本人意愿中断就业的"失业人员可享受失业保险待遇。但是，该条并没有详细规定判断非自愿失业的相关标准，因而在实践中产生了理解上的不同。

《失业保险金申领发放办法》第四条对哪些情形属于"非因本人意愿中断就业"作了规定，主要包括：终止劳动合同的、被用人单位解除劳动合同的、被用人单位开除、除名和辞退的；根据《中华人民共和国劳动法》第三十二条第二、三项与用人单位解除劳动合同的；法律、行政法规另有规定的。因上述情形造成失业的职工，有权申领失业保险金。

（二）退休人员因犯罪被判缓刑后享受养老保险待遇问题

退休指职工达到法定退休年龄后退出工作岗位，享受社会养老保险待遇的制度。劳动者退休后便结束劳动关系，转入社会保障体系。

劳动和社会保障部于 2001 年 3 月 8 日发布的《关于退休人员被判刑后有关养老保险待遇问题的复函》规定，退休人员因涉嫌犯罪被通缉或在押未定罪期间，其基本养老金暂停发放。如果法院判无罪，被通缉或者羁押期间的基本养老金予以补发。根据该文件规定，在押期间停发基本养老金，仅仅是一种临时性措施，是否予以补发，完全取决于当事人本身是否构成犯罪及是否被羁押。

被判缓刑仍可享受养老保险待遇。缓刑不是一种刑罚，而是对被判处拘役三年以下有期徒刑的犯罪分子，根据其犯罪情节和悔罪表现所规定的一个考验期，而且，国家推行养老保险制度的目的是保障丧失劳动能力的职工的基本生活，因此，退休人员因犯罪被判缓刑后，可以继续享受养老保险待遇。

（三）用人单位与劳动者约定放弃基本医疗保险问题

基本医疗保险是我国社会保险制度的重要组成部分，它是指国家通过立法确定的，在公民因为生病或者其他原因需要就医治疗时，由国家或者社会为其提供必需的医疗服务及相关物质帮助的一种社会保险制度。《社会保险法》第三章专门规定了基本医疗保险制度的相关内容，其中包括参保范围和缴费、新型农村合作医疗、城镇居民基本医疗保险制度、待遇标准、缴费年限、基本医疗保险基金支付范围等。

另外，法律规定参加基本医疗保险的人群范围更为广泛了。依照《社会保险法》的规定，职工基本医疗保险制度覆盖所有用人单位，既包括机关事业单位，也包括各类公司企业；既包括城镇企业，也包括各类乡镇企业。同时，该法也规定了无雇工的个体工商户、未在用人单位参加职工基本医疗保险的非全日制失业人员，以及其他灵活就业人员可以参加职工基本医疗保险，由个人按照国家规定缴纳基本医疗保险费。因此，个体工商户及其他灵活就业人员可以凭自己的意愿，选择参加职工基本医疗保险，对此类人群，法律没有强制性的规定。

根据《社会保险法》第二十三条的规定，职工基本医疗保险费应当由用人单位和职工共同缴纳。因此，每位劳动者的基本医疗保险费应当由用人单位和其本人分担。实践中，对于如何分担这一问题，则是由各个地方通过立法或者出台相关政策进行细化、确定，并不是在全国范围内对于这一分担比例实施"一刀切"

的政策。按照《国务院关于建立城镇职工基本医疗保险制度的决定》规定,用人单位缴费率应控制在职工工资总额的 6% 左右,职工缴费率一般为本人工资收入的 2%。随着经济的发展,用人单位和职工缴费率可以作相应调整。该规定中的缴费比例只是对于用人单位和劳动者缴纳基本医疗保险费的原则性规定,并不是具体确定个人缴费比例的法律规定。

《劳动合同法》第二十六条第一款第二项明文规定,用人单位免除自己的法定责任、排除劳动者权利的,该劳动合同无效。《社会保险法》第二十三条规定,职工应当参加职工基本医疗保险,由用人单位和职工按照国家规定共同缴纳基本医疗保险费。因此,职工基本医疗保险体现了国家意志,具有法定性和强制性,违反这一规定的,该劳动合同无效。

基本医疗保险是一种具有强制力的法定社会保障,是法律规定的用人单位必须履行的法定义务,既符合社会公共利益,又能保护劳动者的合法权益。因此对于基本医疗保险,无论是用人单位还是劳动者都必须遵守,任何单位和个人都不得通过协商的方式不予缴纳基本医疗保险费。即使经过双方协商、同意、签字、盖章,在形式上符合合同的基本要件,但是就实质而言,也不能达到双方预期的法律效果。任何单位试图通过任何方式改变或变相改变都是不可以的,不管这种改变是强迫的还是自愿的。

第五章　劳动关系的制度维护

劳动是人与自然发生关系的主要途径，是人以自身的活动来引起和主导人与客观物质环境完成交换的过程。劳动关系的确定、劳动行为的稳定与持续都因劳动者的劳动权利始终处于被保护的状态下才得以为继。本章主要介绍了劳动争议处理制度和劳动监察制度。

第一节　劳动争议处理制度

一、劳动争议概述

根据《劳动法》和《劳动争议调解仲裁法》的有关规定，劳动争议是指依法建立劳动关系的用人单位和劳动者之间，因劳动权利和义务问题产生的分歧。这些分歧可能源自劳动合同的签订、履行、变更、解除或终止，也可能源自劳动报酬、工作时间、休息休假、社会保险、福利待遇等劳动条件。

（一）劳动争议的特征

劳动争议具有如下特征。

1. 劳动争议主体具有特定性

劳动争议，是指用人单位与劳动者之间因劳动关系而产生的争议。这里的"劳动关系"是理解劳动争议的关键。劳动关系，即劳动者与用人单位之间因从事劳动而形成的法律关系，它涵盖了劳动合同的签订、履行、变更、解除等多个方面。在这种关系下，劳动者通过提供劳动力为用人单位创造价值，而用人单位则通过支付工资、提供福利等方式对劳动者的付出给予回报。正因为劳动争议的核心在于劳动关系，所以其当事人必须由具有劳动关系的用人单位和劳动者构成。这种特定关系的存在是劳动争议成立的前提。如果双方之间不存在劳动关系，那么他们之间因劳动问题产生的纠纷就不能被称为劳动争议。

值得注意的是，在劳动争议的当事人范围中，除了用人单位和劳动者，还有另外两个重要的主体：工会和雇主组织。随着集体协商和集体合同制度的深入开展，因签订和履行集体合同而产生的争议也逐渐增多。工会作为劳动者的代表，在维护劳动者权益、协调劳动关系中发挥着不可替代的作用。同样，雇主组织作为用人单位的代表，在促进劳资双方沟通、解决劳动争议中也扮演着重要角色。因此，在劳动争议中，工会和雇主组织也可以成为当事人。

2. 劳动争议主体关系具有双重属性

当用人单位与劳动者在劳动合同上达成一致时，他们的地位是平等的。在签署合同之前，劳动者有权选择是否接受某个职位，而用人单位则有权决定是否录用某位劳动者。双方都是基于自身的需求和条件，在自愿、平等的基础上进行协商的。这与民事法律关系中的原则相吻合，即各方在法律面前地位平等，拥有同等的权利和义务。然而，当劳动者与用人单位建立了劳动关系后，情况就发生了变化。劳动者成为用人单位的一员，接受用人单位的管理和调度。这时，劳动者与用人单位之间的关系就不再是单纯的平等关系了，而是掺杂了管理与被管理的隶属关系。这种关系，有着类似于行政法律关系中的双方主体地位不对等的特点。用人单位拥有更多的决策权、管理权和处分权，而劳动者则需要遵守用人单位的规章制度，服从用人单位的管理和调度。因此，劳动争议主体双方兼有平等关系和不平等关系的双重特性。

3. 劳动争议的内容涉及劳动权利义务

在现代社会的劳动关系中，劳动争议如同一面镜子，映射出用人单位与劳动者之间的权益冲突与利益纠葛。这种争议并非简单的对立，而是在劳动关系运行过程中，双方对于劳动权利的享有、履行的理解和期望上存在不一致，或是在签订集体合同时双方利益难以达成共识的体现。

4. 劳动争议与生产和劳动者的生活密切相关

首先，我们必须明确，劳动争议的存在是企业内部矛盾的一种体现。在企业的生产活动中，由于各种因素，如工作强度过大、待遇不公、管理不当等，劳动者与用人单位可能会产生各种分歧和不满。这些争议一旦产生，如果不能得到妥善处理，就会像毒瘤一样在企业内部扩散，影响员工的工作积极性和生产效率，进而破坏企业正常的生产秩序。更为严重的是，劳动争议如果不能得到及时妥善的解决，还容易引发更大的社会矛盾和冲突。

（二）劳动争议的分类

劳动争议根据其主体、客体和内容的不同，可以有不同的分类。

根据争议主体的不同，劳动争议可以大致分为两类：个人劳动争议与集体劳动争议。个人劳动争议主要发生在劳动者个人与用人单位之间，涉及的是劳动者个人的权益和待遇问题。比如，一个劳动者可能因为工资待遇、工作条件、解雇等问题与用人单位产生分歧，进而引发劳动争议。与个人劳动争议相比，集体劳动争议则显得更为复杂。集体劳动争议主要分为两种形式，一种是劳动者一方为多人，他们因为共同的原因和请求而与用人单位产生争议。这种集体劳动争议的显著特点是参与人数众多，争议内容具有共性。在解决这类争议时，劳动者一方需要推举代表参加法定的处理程序，以确保争议能够得到公平、公正的处理。在处理程序上，这类集体劳动争议与个人劳动争议基本相同，都需要经过协商、调解、仲裁等阶段，但由于参与人数众多，集体劳动争议的影响力和社会关注度往往更高。另一种集体劳动争议则被称为团体争议，它涉及工会组织与用人单位之间的争议。这种争议往往是因为签订和履行集体合同而产生的，其争议内容主要涉及劳动者的整体权益和待遇。在处理团体争议时，工会作为劳动者的代表，需要与用人单位进行协商、谈判，以维护劳动者的合法权益。

根据劳动争议的客体不同，我们可以将其分为两大类：权利争议和利益争议。首先，权利争议，通常又称为法律争议，是指因执行劳动法律法规与劳动合同和集体合同的规定而发生的劳动争议。这类争议的核心在于法律权利的确认和保护。当劳动者的法律权利受到侵害或企业违反劳动法律法规时，劳动者可以通过法律途径维护自己的权益。其次，利益争议，亦称事实争议，是指因确定或变更劳动者的权利义务而发生的劳动争议。这类争议往往涉及劳动者与企业之间利益关系的调整，如劳动报酬、工作时间、劳动条件等。利益争议在某种程度上可以视为为争取权利而引起的争议，因为劳动者往往希望通过改善劳动条件、提高劳动报酬等方式来实现自己的权益。与权利争议不同，利益争议往往没有明确的法律依据，其解决方式也更为灵活多样。劳动者和企业可以通过协商、谈判等方式寻求双方利益的平衡和共赢。

根据内容的不同，劳动争议可分为因执行国家有关工资、保险、福利、职业培训、劳动保护的规定发生的争议，以及因履行和变更解除劳动合同发生的争议。

根据内容的难易程度，又可分为简单劳动争议和复杂劳动争议。对简单劳动争议，在处理程序上可以简化。

二、劳动争议处理制度概述

（一）劳动争议处理制度的概念和特征

劳动争议处理制度，又称劳动争议处理体系，是指由劳动争议处理的各种机构和方式在劳动争议处理过程中的各自地位及相互关系所构成的有机整体。

随着1993年《中华人民共和国企业劳动争议处理条例》和1995年《劳动法》的相继实施，我国建立起了一套以协商、调解、仲裁、诉讼为主要环节的劳动争议处理制度。2008年实施的《劳动争议调解仲裁法》强化和完善了这一制度。该法第五条规定："发生劳动争议，当事人不愿协商、协商不成或者达成和解协议后不履行的，可以向调解组织申请调解；不愿调解、调解不成或者达成调解协议后不履行的，可以向劳动争议仲裁委员会申请仲裁；对仲裁裁决不服的，除本法另有规定的外，可以向人民法院提起诉讼。"

但我国集体合同的争议程序与以上的个别劳动争议处理程序有很大差别。《劳动法》第八十四条规定："因签订集体合同发生争议，当事人协商解决不成的，当地人民政府劳动行政部门可以组织有关各方协调处理。因履行集体合同发生争议，当事人协商解决不成的，可以向劳动争议仲裁委员会申请仲裁；对仲裁裁决不服的，可以自收到仲裁裁决书之日起十五日内向人民法院提起诉讼。"因签订集体合同发生的争议由于在性质上属于利益争议，所以我国规定了该争议的解决须运用行政协调程序,并不允许这类争议进入"一裁两审"的程序。协商程序成为解决因履行集体合同发生的争议的必经程序。

劳动争议处理制度具有以下特征。

第一,劳动争议处理制度是一项法律制度,这一制度不仅涉及劳动者与用人单位之间的合法权益保护,更直接关联到劳动关系的和谐稳定及整个社会的安宁与秩序。在这一制度框架下,法定的处理机构如劳动争议仲裁委员会、法院等,会依据法定的程序和原则,对劳动争议进行公正、公平、及时的处理。这样的处理方式,不仅确保了争议处理的权威性和有效性,也增加了争议双方对处理结果的认可度,有利于争议的及时解决。值得注意的是,处理劳动争议的法律规定并非仅限于《劳动法》和《劳动争议调解仲裁法》两部法律,实际上,我国的劳动法律体系是一个庞大而复杂的系统,由众多法律法规和规章所组成,这些法律法规和规章相互补充、相互支撑,形成了一个完整的劳动争议处理法律体系。

第二,劳动争议处理机构有其自身特点。根据《劳动法》和《劳动争议调解仲裁法》的规定,我国的劳动争议处理专门机构主要包括劳动争议调解组织、劳动争议仲裁委员会和人民法院。这些机构在劳动争议处理过程中,各自承担着不同的职责,共同构成了我国劳动争议处理体系。不过,除了以上三个专门机构,我国还对一些特殊劳动争议规定了特定的处理机构。例如,对于因女职工劳动保护引起的争议,用人单位的主管部门或者劳动行政部门有权受理;对因签订集体合同发生的争议,当事人双方协商不成的,由当地人民政府劳动行政部门组织有关各方协调处理。这些特定处理机构的特点在于其针对性和专业性较强,能够更好地适应特殊劳动争议的处理需求。

第三,劳动争议处理程序有其特定性。对于一般劳动争议,我国采取了协商、调解、仲裁和诉讼相结合的处理方式。其中,协商和调解作为自愿选择的非必经程序,其优点在于灵活性和便捷性较强。当劳动争议发生时,双方可以通过协商或借助第三方调解机构,在平等自愿的基础上达成协议,从而快速解决争议。然而,当协商和调解无法达成或一方不愿意接受协商和调解时,仲裁程序便成为必经的前置程序。仲裁作为一种准司法程序,具有专业性、高效性和强制性的特点。仲裁机构通过的专业裁决,可以更加准确地把握劳动争议的实质和焦点,从而作出公正合理的裁决。同时，仲裁裁决一旦作出即具有法律效力，双方必须履行。而当仲裁裁决无法令双方满意或存在法律问题时，诉讼程序便成为最终解决程序。诉讼程序具有严格的法律程序和法律适用要求，其判决结果具有最终的法律效力。在诉讼程序中，双方可以通过法律途径表达自己的诉求和观点，同时法院也会对案件进行全面审查并作出最终判决。这种程序虽然耗时较长、成本较高，但能够确保劳动争议得到公正、公平的解决。除了一般劳动争议的处理程序，我国还针对特殊案件设立了特殊的处理程序。例如，对于追索劳动报酬、工伤医疗费等争议，我国采取了仲裁裁决为终局裁决的方式。这种方式的优点在于简化了处理程序、提高了处理效率。同时，若有对仲裁裁决不服的情况，劳动者还可以向法院起诉以维护自己的合法权益，这样既保证了劳动者在特殊争议中的快速救济权，又体现了法律对劳动者权益的特别保护。

　　第四，劳动争议处理实行自愿与强制相结合的原则。劳动争议不同于民事争议，关系到劳动者的切身利益和企业的生产经营活动。如果不能及时予以处理，将直接影响劳动者的生活和企业生产经营活动的正常进行，进而影响经济的发展和社会的稳定。因此，对劳动争议案件的处理，既要遵循民事纠纷的一般处理原则，又要采取适应劳动争议特点的处理原则，即在劳动争议处理中坚持自愿和强制相结合原则。自愿原则，在劳动争议调解制度中体现为当事人双方的自愿参与。这意味着，只有当劳动者与用人单位在发生争议时，均自愿接受调解，并愿意在调解委员会的主持下，通过协商、互谅互让，达成协议、解决劳动争议时，调解程序才能启动。与自愿原则相对应的是强制原则。在劳动争议处理中，强制原则主要体现在劳动争议仲裁机构和人民法院的受理程序上。只要有一方当事人依法提出仲裁或诉讼申请，劳动争议仲裁机构或人民法院就应当受理，无须得到另一方的同意。这种强制性确保了争议解决渠道的畅通和有效性，避免了因一方不配合而导致的争议无法解决的情况。

　　由于劳动关系双方的利益存在差异，劳动争议的发生具有一定的必然性。劳动争议处理制度为劳动关系双方当事人解决劳动争议提供了法定渠道，使劳动争议能通过法定途径予以解决。劳动争议处理制度的作用主要有以下几个方面。一是维护劳动关系当事人的合法权益。在当事人无法自行协商解决劳动争议的情况下，由劳动争议处理机构以事实为根据，以法律为准绳解决，有利于维护当事人的权利。二是及时化解矛盾，促进劳动关系的和谐稳定。劳动争议发生后，如果不能及时解决，将对劳动者的生活和企业的生产经营活动产生不利的影响。一旦酿成群体性事件，将可能影响到的当地社会稳定和经济发展。劳动争议处理制度则为用人单位和劳动者解决劳动争议提供了畅通的渠道，用人单位和劳动者也就可以通过理性、合法的方式及时解决双方存在的争议，避免矛盾激化，维护劳动关系和谐和社会稳定。三是增强用人单位和劳动者的法制观念，预防和减少劳动争议的发生。劳动争议处理机构依法公正处理劳动争议的过程，也是一次劳动法制宣传教育过程。劳动争议双方当事人从参与劳动争议处理的过程中，了解法律的相关规定和各自的权利义务，增强法律意识，提高履行义务的自觉性。同时对其他用人单位和劳动者来说，也起到法制宣传教育的作用，从而预防和减少劳动争议的发生。

（二）我国劳动争议处理制度的完善

尽管现行的劳动争议处理制度在处理劳动争议中发挥了重要的作用，解决了大量的劳动争议，但是也存在一些突出的问题，如劳动争议处理程序弱化、劳动争议处理能力不足等。产生这些问题的原因是多方面的，但制度不够完善是一个主要原因。

劳动争议处理制度作为劳动法律制度的一项重要的制度内容，必须体现劳动法的精神。劳动争议处理制度的改革和完善，也必须以保护劳动者的合法权益作为总的价值取向和指导思想。因此，在改革方案和完善制度具体内容、措施的设计上，要有利于更好地保护劳动者合法权益，有利于更好地方便劳动者反映诉求、主张权利，有利于更妥善地处理劳动争议、构建和谐劳动关系，并以保护劳动者合法权益、规范劳动用工行为的效果作为评价改革方案成败得失的主要标准。

1. 建立"或裁或审、各自终局"的处理体制

从保护当事人的诉权，方便快捷处理劳动争议的原则出发，劳动争议发生后，应当赋予劳动关系双方当事人选择申请仲裁或者到人民法院提起诉讼的权利。即"或裁或审、各自终局"应当成为劳动争议处理体制和劳动争议处理制度改革的

方向，选择仲裁的不再诉讼，选择诉讼的不再仲裁。选择仲裁的实行"一裁终局"，选择诉讼的实行"两审终审制"。

2. 打造劳动争议协商平台

解决劳动争议的最佳方式是劳动关系双方当事人协商解决。建立劳动争议协商机制，关键是要平衡劳动者和用人单位主体间的力量差异，由形式平等向实质平等靠近。在充分尊重当事人自愿的基础上，建立劳动争议协商机制，提供解决劳动争议的平台，促进双方进行协商。在个人协商能力有限的状况下，工会要作为职工合法权益的代表者和维护者，积极参与劳动争议协商，依法履行维护职工合法权益的基本职责。在发生争议时，工会应当积极、主动地代表职工一方，与企业通过协商的方式解决争议，努力把争议解决在企业内部、解决在萌芽状态。工会的一个重要任务和职能就是建立劳动者与企业沟通、协商的平台，畅通沟通、协商渠道，及时处理劳动争议，解决劳动关系矛盾。

3. 强化劳动争议调解组织

调解发挥作用的前提，必须是由真正为双方所信服，具有公信力的第三方来主持。劳动争议调解应当由具有足够影响力和社会公信力的机构来负责，才能最大限度地引导当事人进入调解渠道和程序。适应劳动争议高发的实际状况和劳动争议调处工作的现实需要，要大力发展区域性行业性劳动争议调解委员会，设立市（地）、县（区）两级劳动争议调解委员会。由劳动关系双方当事人根据劳动争议案件的实际情况选择相应的调解组织。劳动争议调解组织按照"三方原则"建立，职工代表由企业工会成员担任或由职工推举产生，居中的第三方则由政府和政府委托的代表担任。赋予调解协议以强制执行力，保证调解程序的有效性。

4. 改造劳动争议仲裁机构

仲裁制度的改革和完善，应当朝着建立快速、灵活、高效、经济的仲裁程序的方向努力，建立与劳动争议处理相契合的解决机制。通过强化劳动争议仲裁机构的专业化、社会化和实体化，赋予仲裁中立和柔性的特征和优势。

一是实现仲裁机构的社会化，对劳动争议仲裁委员会进行社会化改造。劳动仲裁委员会要成为由社会力量主导的社团法人，有自己独立的机构、独立的办公场所、独立的办案规则，能够独立承担劳动争议的仲裁工作并承担相应的社会责任。

二是改革仲裁规则,适应劳动争议处理需求。仲裁是当事人自愿选择的一种争议解决方式,它赋予了仲裁庭以解决争议的权力。因此,在仲裁庭的组成上,自然也应该充分尊重当事人的意愿,确保仲裁程序的公正、公平和高效。在人员组成上,争议双方的团体代表均应当参加仲裁,并且双方代表的应当数量相同、力量均衡,这样的人员安排能够确保仲裁员既能够充分听取双方的声音,又能够保持中立和公正。值得注意的是,在仲裁过程中,仲裁庭应充分听取当事人的意见和诉求,并在不违反法律规定的情况下,尽可能地满足当事人的合理要求。

三是提升仲裁裁决的效力地位,赋予仲裁裁决终局效力。

四是加强监督,确保仲裁质量。为了保证仲裁的有效性,增强仲裁机构的公信度,必须加强司法机关的司法审查。在审查过程中,司法机关应当依据法律规定和案件事实,对仲裁裁决进行全面、客观的评估。如果发现仲裁裁决存在明显错误或不当之处,司法机关有权裁定不予执行,并告知当事人通过重新仲裁或提起诉讼等方式解决纠纷。

5.重构劳动争议诉讼制度

我国劳动争议诉讼制度改革的方向在于克服目前存在的体制和机制上的非独立性,以建立独立的劳动诉讼制度。设立专门劳动诉讼案件审判庭,并且在条件成熟的情况下设立专门的劳动法院。可以利用现有的人民陪审员制度,吸收劳动关系双方的团体代表参与审判,平衡双方诉讼力量,并加强劳动争议案件诉讼调解工作。要着力培养和建设一支以人为本、具备劳动法精神的高素质劳动法官群体。

三、劳动争议处理程序

根据《劳动争议调解仲裁法》有规定,"协商——调解——仲裁——诉讼"是我国劳动争议处理的基本程序和方式。

(一)劳动争议协商制度

1.劳动争议协商的概念和特征

协商,是指当事人双方为妥善解决某些争议,进行共同商议以便取得一致意见的行为。而劳动争议协商，就是劳动者和用人单位在劳动权利实现和劳动义务履行过程中发生争议后，双方坐下来，面对面地进行沟通、交流和商谈，旨在达成和解协议，共同解决争议，从而化解矛盾，协调劳动关系。劳动争议协商主要有以下几大类：劳资共决制、劳资对话制、工人代表制。

劳动争议协商具有以下特征。

（1）协商必须是当事人双方完全自愿的

自愿，是劳动争议协商的基础和前提。要知道，劳动争议的协商并不是一个外在强加的过程，而是建立在当事人双方的共同意愿和要求之上的。这种意愿的达成，是基于双方对于解决矛盾、消除分歧的共同期待。在这个过程中，双方都是主动的、自觉的，不受外界因素的制约和影响。这种自愿性，保证了协商过程的真实性和有效性，使得双方都能积极参与，真诚表达自己的诉求和立场。

（2）协商必须建立在相互信任和尊重的基础上

在劳动争议中，双方往往因为利益、观念、沟通不畅等原因产生分歧，而如果没有信任作为基础，双方就会陷入相互指责、互不让步的僵局。然而，当双方都能够放下心中的疑虑和偏见，以信任的心态去对待对方时，情况就会大不相同。信任能够促使双方坦诚交流，真实表达自己的诉求和观点，从而找到共同的利益点和解决方案。在相互信任的基础上，劳动争议就能最大限度地在不伤和气的气氛中得到解决，从而实现双赢的结果。

尊重是劳动争议协商解决的另一个重要条件。在协商过程中，尊重意味着对对方观点的认真倾听、对对方诉求的真诚理解、对对方努力的积极肯定。只有当我们真正尊重对方时，才能减少敌意和对抗情绪，营造出和谐、理性的协商氛围。尊重还意味着对规则的遵守和对公平的维护。在劳动争议中，双方都应该尊重法律、法规和企业的规章制度，按照规定的程序和方式进行协商。同时，还要尊重对方在协商过程中提出的合理诉求和解决方案，不轻易否定或贬低对方的努力。

（3）协商程序简便、快捷

《劳动争议调解仲裁法》作为指导劳动争议解决的重要法律文件，对于协商这一方式并未作出严格的程序性规定。这种宽松的法律环境使得协商具有了独特的优势，即协商能够避免烦琐的法律程序和长时间的等待。在协商中，双方可以直接对话，快速了解对方的诉求和底线，从而迅速找到解决方案。这种简便、灵活的方式使得协商能够及时化解矛盾，保持劳动关系稳定，较好地维护当事人双方的合法权益，也利于和解协议全面履行。

2. 劳动争议协商的内容、形式与分类

（1）劳动争议协商的内容

劳动争议协商的内容，是指当事人可以通过协商解决的劳动争议的范围和种类。与仲裁和诉讼相比，协商的内容要更宽泛一些，凡劳动关系双方当事人发生的劳动争议都可以协商。

集体合同争议是一种特殊的劳动争议，《劳动争议调解仲裁法》没有对集体合同争议的处理程序作出专门规定。因签订或履行集体合同发生争议的，由工会与用人单位依照《工会法》《劳动法》《劳动合同法》等法律法规的规定协商解决。

（2）劳动争议协商的形式

劳动争议协商的形式，是指当事人双方协商解决劳动争议所采取的方式和手段。根据《劳动争议调解仲裁法》第四条的规定，当事人协商解决劳动争议，可以采取自行协商、工会或者第三方共同参与协商等形式。与《劳动法》和《中华人民共和国企业劳动争议处理条例》的规定相比，《劳动争议调解仲裁法》根据目前实际，对劳动争议协商的形式作了进一步明确、具体的规定。

①当事人自行协商。

当事人自行协商，是指劳动者和用人单位发生劳动争议后，在没有其他任何第三方人员参加的情况下，双方当事人就解决争议，化解矛盾，自行商谈，以求达成和解的行为。自行协商通常为当事人解决劳动争议的首选方式。自行协商包括即时协商和协商会议等形式。即时协商一般适用于争议标的不大，事实比较清楚，争议事项单一，解决难度较小的劳动争议。通常在发生劳动争议后，当事人双方即刻进行协商，并在短时间内迅速达成和解，和解协议即时予以履行。协商会议，是指对争议标的较大、涉及人数较多、有一定处理难度的集体劳动争议，由双方当事人选出代表，并召开会议进行协商。经协商达成和解的签订和解协议书，和解协议书对当事人双方具有约束力。

②工会参与协商。

《劳动争议调解仲裁法》第四条规定，发生劳动争议，劳动者可以请工会共同与用人单位协商。这符合当前劳动争议处理的实际需要，有利于发挥工会的作用，保护劳动者权益。目前劳动关系领域用人单位与劳动者的地位并不对等，发生劳动争议后，作为当事人一方的职工由于与用人单位之间的隶属关系，往往处于相对弱势地位，自行协商比较困难。加之一些职工当事人对法律法规和政策了解较少，缺乏解决矛盾的经验和能力，十分需要工会的支持和帮助。他们大多希望工会能够代表其与用人单位进行交涉，通过协商尽快解决争议。实践中，工会参与协商已成为解决劳动争议的一种主要形式。这里所说的"工会"，既包括职工当事人所在用人单位的工会，也包括用人单位以外的其他各级工会。用人单位没有建立工会的，发生劳动争议后，劳动者可以请求上一级工会参加协商。用人单位有工会但力量薄弱需要上一级工会给予帮助的，发生劳动争议后，劳动者可以请求用人单位工会和上一级工会共同参加协商。现实生活中，一些矛盾不太尖锐、争执不太激烈的劳动争议发生后，往往因当事人消极对抗贻误解决时机，酿成不良后果。工会应通过劳动争议预防和预警机制，及时掌握信息，一经发现，主动介入，自觉代表职工当事人与用人单位协商，使争议及时化解。

③第三方参与协商。

《劳动争议调解仲裁法》第四条规定，发生劳动争议，劳动者也可以请第三方共同与用人单位协商。所谓第三方，是指独立于当事人双方之外，与其没有任何利害关系的组织或个人，主要包括法律援助机构、法律咨询和服务机构、律师事务所及其所属专业人员和律师，大专院校、科研院所的专家学者，熟悉劳动法律法规的其他专业人士等。

《劳动争议调解仲裁法》规定由独立的第三方参与劳动争议协商，为劳动者提供法律帮助，是健全和完善劳动争议协商机制、保护劳动者合法权益的客观需要。目前，一些企业特别是一些非公企业，多数没有建立工会，劳动者合法权益极易受到侵犯。一些企业虽然建立了工会，但力量比较薄弱，发生劳动争议后，劳动者和工会难以共同与企业进行协商解决。建立第三方参与协商机制，可以有效弥补这方面不足。社会法律专业机构及其工作人员可以应职工请求，代表其在协商活动中提出意见主张，就妥善解决劳动争议与用人单位交涉，促使双方达成一致，及时化解矛盾；这些机构及人员也可以与职工当事人一起，共同参加协商活动，为职工提供面对面服务。实践中，一些热心维护职工合法权益的社会法律专业机构及其工作人员，通过参加志愿者队伍和志愿者行动，免费为职工当事人提供帮助，使大量劳动争议通过第三方参与协商得到妥善解决，有效促进了劳动关系的和谐发展。

（3）劳动争议协商的分类

劳动争议协商的分类与劳动争议类型紧密相关。我国将劳动争议分为个别劳动争议、集体合同劳动争议和群体性劳动争议。因此，我国劳动争议协商也相应地分为三类：个别劳动争议协商、集体合同劳动争议协商和群体性劳动争议协商。

（二）劳动争议调解

1. 劳动争议调解的概念和特征

所谓调解，是在第三方协助下进行的、当事人自主协商解决纠纷的活动。而劳动争议调解，则是指在劳动争议处理机构的主持下，依照国家法律法规和政策规定，对劳动争议进行调解的活动。值得注意的是，我国劳动争议调解有广义与狭义之分。广义的劳动争议调解，是指在整个劳动争议处理过程中，都坚持调解原则，将调解作为化解矛盾、解决问题的首要手段。而狭义的劳动争议调解，则专指劳动争议调解组织的调解，即由企业内部的劳动争议调解委员会或基层的劳动争议调解中心的调解。这里的劳动争议调解仅指狭义的劳动争议调解。

作为调解制度的一种，劳动争议调解具备一般调解制度的以下特点。

第一，调解是在中立的第三人主持下进行的。第三人可以是个人，也可以是组织，但调解人不具有裁判权，调解人不能将自己的意志强加给争议双方当事人。

第二，调解的方法是劝导协商和说服教育。调解是以劝导当事人的方式进行的，要晓之以理，动之以情，不能用压服的方法，要使当事人从内心接受调解意见，从而缓解矛盾，解决纠纷。

第三，调解的前提是双方当事人自愿。调解是在双方当事人自愿申请的基础上进行的。调解协议的内容也是双方当事人互谅互让、自愿协商的结果。调解协议也要在当事人自觉自愿基础上才能得以执行。调解人不得有任何勉强，不得用任何强迫或变相强迫的方法迫使当事人接受调解意见。

除了具备以上调解制度的共性，我国的劳动争议调解还具有一些特性，即调解对象特定、调解机构特定、调解依据特定。

2. 劳动争议调解的主要内容

依据《劳动法》《劳动争议调解仲裁法》等法律法规的规定，我国劳动争议调解主要包括以下内容：

（1）调解组织

企业劳动争议调解委员会、基层人民调解组织，以及在乡镇、街道设立的具有劳动争议调解职能的组织，是劳动争议调解的三大组织。

（2）人员构成

企业劳动争议调解委员会由职工代表和企业代表组成。职工代表由工会成员担任或者由全体职工推举产生，企业代表由企业负责人指定。企业劳动争议调解委员会主任由工会成员或者双方推举的人员担任。基层人民调解委员会是村民委员会和居民委员会下设的调解民间纠纷的群众性组织，在基层人民政府和基层人民法院的指导下工作。基层人民调解委员会由委员三至九人组成，设主任一人，必要时可以设副主任。基层人民调解委员会委员除由村民委员会成员或者居民委员会成员兼任的以外，也可以由群众选举产生，每三年改选一次，可以连选连任。在乡镇、街道设立的具有劳动争议调解职能的组织一般由工会代表、劳动行政部门的代表、用人单位代表和社会有关人士代表等组成。

（3）调解人员

劳动争议调解组织的调解员由公道正派、联系群众、热心调解工作，并具有一定法律知识、政策水平和文化水平的成年公民担任。

（4）劳动争议调解的原则

劳动争议的调解，除了要遵循劳动争议处理的一般原则，即合法、公正、及时、着重调解的原则，还应该遵循劳动争议调解的特有原则，即自愿原则、教育说服原则、尊重当事人申请仲裁和诉讼权利的原则。

（5）申请调解的方式

可以书面申请，也可以口头申请。

（6）调解期限

自劳动争议调解组织收到调解申请之日起十五日内未达成调解协议的，当事人可以依法申请仲裁。

（7）调解协议的效力

调解协议书对双方当事人具有约束力，当事人应当履行。

（8）特别规定

在现实中，并非所有的用人单位都能够如期履行调解协议，这时，劳动者的合法权益便受到了侵害。为了保障劳动者的权益，法律赋予了劳动者一种特殊的救济手段——申请支付令。支付令是人民法院根据当事人的申请，依法督促义务人履行义务的一种非诉讼程序。在劳动争议中，当劳动者持调解协议书向人民法院申请支付令时，人民法院应当依法对调解协议进行审查。只要调解协议的内容不违反法律法规的强制性规定，不损害国家、集体和他人的合法权益，且协议是双方真实意思的表示，人民法院就应当发出支付令，要求用人单位在指定期限内履行调解协议所确定的义务。

（三）劳动争议仲裁

1. 劳动争议仲裁的概念和特征

劳动争议仲裁，作为一种准司法性质的活动，其核心在于通过专业仲裁机构，在法律的框架内，对用人单位和劳动者之间的争议进行审理、调解和裁决。劳动争议仲裁具有以下特征。

（1）劳动争议仲裁机构是依法组建的半民间性质的机构

首先，任何劳动争议仲裁机构的组建都必须是依照《劳动争议调解仲裁法》和有关法律规定的条件和程序进行的。依法组建的劳动争议仲裁机构是劳动争议仲裁裁决获得法律效力的必要前提。其次，劳动争议仲裁机构是一个半政府半民间的机构。一方面，劳动争议仲裁机构具有一定的政府机构性质，劳动争议仲裁机构由省、自治区和直辖市的人民政府决定设立，劳动争议仲裁委员会由劳动行政部门代表参与组成，国家司法权力对仲裁机构进行监督和协助。另一方面，劳动争议仲裁机构又具有民间性。第一，从仲裁的起源——商事仲裁来讲，它本身就是一种民间性的争议解决方式。我国劳动争议处理机制借鉴了商事争议处理的仲裁模式，赋予了劳动争议仲裁机构很大的民间性，劳动争议仲裁委员会中应该包含有工会代表和企业方面代表；第二，具体案件的裁决机构——仲裁庭，并非由国家工作人员组成，而是从律师、曾经担任过法官的人员、从事法律教研工作的人员，以及具有法律知识、从事人力资源或者工会等专业工作的人员中选任的。

（2）劳动争议仲裁是一种准司法性质的行为

所谓司法是指国家司法机关依据法定职权和法定程序，具体应用法律处理案件的专门活动。司法的基本内涵之一在于依据法定职权和法定程序，具体应用法律处理案件。而劳动争议仲裁具备了司法的这些特征，即依照法定的职权和程序，通过具体应用法律来裁决案件，因此，它具有一定的司法性质。但是，仲裁活动并非由国家专门的司法机关来执行，而是由半民间性质的劳动争议仲裁委员会负责的。因此，劳动争议仲裁仅具有准司法性，而不是完全的司法性质。劳动争议仲裁的这种准司法性就意味着，首先，作为具有司法性质的仲裁独立于行政机关和行政权力，应该独立办案，公平地维护各方当事人的利益。其次，由于劳动争议仲裁不是完全意义上的司法行为，应受到司法机关的监督。具体表现在，当事人可以对不正当的裁决申请法院撤销，在特定情况下，只要特定当事人不服仲裁裁决就可以请求法院重新审理已经仲裁的劳动争议。

（3）仲裁程序的前置性

根据《劳动法》和《劳动争议调解仲裁法》的规定，仲裁是解决劳动争议的必经程序。《劳动争议调解仲裁法》第五条规定："发生劳动争议，当事人不愿协商、协商不成或者达成和解协议后不履行的，可以向调解组织申请调解；不愿调解、调解不成或者达成调解协议后不履行的，可以向劳动争议仲裁委员会申请仲裁；对仲裁裁决不服的，除本法另有规定的外，可以向人民法院提起诉讼。"劳动争议仲裁前置，主要是出于劳动争议的特殊性和我国的国情考虑的。第一，劳动者相比于用人单位处于较弱势的地位，保护劳动者是劳动立法的宗旨，并且劳动争议处理是一个既敏感又专业的领域，处理不当，便可能会演化为较大的争议，进而影响社会稳定，妨碍经济发展。第二，由劳动争议仲裁机关对劳动争议进行先行处理，可以避免大量案件积压在法院，使劳动争议得到及时处理。

2. 劳动争议仲裁的主要内容

根据《劳动法》《劳动争议调解仲裁法》等法律法规可以得知，劳动争议仲裁包括以下内容。

（1）仲裁组织制度

①劳动争议仲裁委员会的设立。

我国的劳动争议仲裁委员会按照统筹规划、合理布局和适应实际需要的原则设立。省、自治区人民政府可以决定在市、县设立；直辖市人民政府可以决定在区、县设立。直辖市、设区的市也可以设立一个或者若干个劳动争议仲裁委员会。劳动争议仲裁委员会不按行政区划层层设立。

②劳动争议仲裁委员会的组成。

劳动争议仲裁委员会由劳动行政部门代表、工会代表和企业方面代表组成。劳动争议仲裁委员会组成人员应当是单数。

③仲裁员任职条件。

担任仲裁员的首要条件是"公道正派"。此外，要成为劳动争议仲裁员，还必须具备下列条件之一：曾任审判员；从事法律研究、教学工作并具有中级以上职称；具有法律知识、从事人力资源管理或者工会等专业工作满五年；律师执业满三年。

④劳动争议仲裁管辖。

劳动争议仲裁委员会负责管辖本区域内发生的劳动争议。劳动争议由劳动合同履行地或者用人单位所在地的劳动争议仲裁委员会管辖。双方当事人分别向劳动合同履行地和用人单位所在地的劳动争议仲裁委员会申请仲裁的，由劳动合同履行地的劳动争议仲裁委员会管辖。

⑤仲裁当事人的主体资格制度。

发生劳动争议的劳动者和用人单位为劳动争议仲裁案件的双方当事人；劳务派遣单位或者用工单位与劳动者发生劳动争议的，劳务派遣单位和用工单位为共同当事人；与劳动争议案件的处理结果有利害关系的第三人，可以申请参加仲裁活动或者由劳动争议仲裁委员会通知其参加仲裁活动。

（2）仲裁的时效制度

劳动争议申请仲裁的时效期间为一年。仲裁时效期间从当事人知道或者应当知道其权利被侵害之日起计算。

（3）仲裁申请与受理制度

在劳动争议解决机制中，申请人申请仲裁应当遵循规范流程，以书面方式提交仲裁申请，这是因为书面申请可以清晰、明确地表达申请人的诉求和事实依据，使仲裁机构能够全面了解案件情况，为后续的仲裁审理奠定基础。同时，在提交书面申请时，申请人还需注意按照被申请人的人数提交相应数量的副本，这既是对对方当事人知情权的尊重，也是确保仲裁程序公正、公平进行的必要条件。然而，我们也必须意识到，在现实中并不是所有人都能够轻松地书写出完整的仲裁申请。对于一些文化程度不高或者因为特殊原因无法书写的劳动者来说，书写仲裁申请可能确实存在困难。在这种情况下，为了保障这些劳动者的合法权益，劳动争议仲裁委员会提供了口头申请的渠道。通过口头申请，劳动者可以在仲裁机构的协助下，将自己的诉求和事实依据准确地表达出来。仲裁机构会将劳动者的口头陈述记入笔录，并告知对方当事人，确保仲裁程序的透明和公正。而劳动争议仲裁委员会在接收到申请后，就需要严格按照规定的程序进行审查，如果认为申请符合受理条件，仲裁机构会及时受理，并通知申请人；如果认为申请不符合受理条件，仲裁机构会向申请人出具书面通知，并说明不予受理的理由。此外，劳动争议仲裁委员会在接收到仲裁申请后的五日内必须对申请进行审查并作出处理决定，此举有利于保证仲裁程序的效率性，防止因处理不及时而导致劳动者权益受到进一步损害。

（4）仲裁程序规则

根据规定，仲裁庭由三名仲裁员组成，其中包括一名首席仲裁员，同时，仲裁员的选择也需要遵循一定的规则，比如仲裁员应当具备与案件相关的专业知识、经验和道德品质，确保他们能够客观、公正地审理案件。而当仲裁员与案件当事人或其代理人存在利害关系时，他们必须回避，此举有利于减少主观因素对仲裁结果的影响，维护仲裁的公正性和权威性。在仲裁过程中，调解是一项重要的前置程序，在作出裁决前，仲裁庭应当先行尝试调解。如果双方当事人在调解过程中达成了一致意见，仲裁庭就应当制作调解书。这份调解书经双方签收后即具有法律效力，双方必须按照调解书的内容履行义务。然而，如果调解不成功或者调解书在签收前一方反悔了，仲裁庭就需要及时作出裁决。在劳动争议仲裁委员会受理仲裁申请后，裁决一般应在四十五日内完成。如果案情复杂需要延期，也必须经过主任批准并通知当事人，而且延长期限不得超过十五日。这种严格的时限要求确保了仲裁程序的高效进行，避免了久拖不决的情况。如果仲裁庭未能在规定期限内作出裁决，当事人可以向人民法院提起诉讼，确保自己的合法权益得到保障。

（5）几类特殊案件的"一裁终局"制度

当劳动者与用人单位在劳动报酬、工伤医疗费、经济补偿或赔偿金等金额上发生争议时，仲裁裁决作出后，如果劳动者在十五日内未向人民法院提起诉讼，且用人单位也未在三十日内向劳动争议仲裁委员会所在地的中级人民法院申请撤销裁决，那么这一仲裁裁决即发生终局效力，裁决结果具有了强制执行力，劳动者可以直接依据裁决书申请强制执行，而无须再经过烦琐的诉讼程序。

（6）对仲裁裁决不服的司法救济制度

对于除"一裁终局"案件之外的其他劳动争议案件，如果当事人对仲裁结果不服，那么其可以在收到仲裁裁决书后的十五日内向人民法院提起诉讼。当事人在行使这一诉讼权利时，需要注意以下几点。首先，起诉期限是从收到仲裁裁决书之日起开始计算的，而不是从仲裁裁决作出之日起计算。其次，起诉期限是十五日，这是一个固定的期限，不可延长。如果当事人在期限内未提起诉讼，那么仲裁裁决书将自动发生法律效力，双方当事人都必须按照裁决书的内容履行相应的义务。

（7）对仲裁裁决的执行制度

调解书与裁决书都是具有法律效力的文书，因此，任何一方当事人都应当认真履行调解书或裁决书中所规定的义务，不得有任何推诿、拖延的行为。然而，在实际操作中，总有一些当事人出于各种原因，对已经发生法律效力的调解书或裁决书置若罔闻，逾期不履行。对于这种行为，另一方当事人可以依照民事诉讼法的有关规定向人民法院申请执行。在接收到当事人的执行申请后，人民法院会依法采取各种强制措施，确保调解书或裁决书的内容得到切实履行。

（8）仲裁免费制度

劳动争议仲裁不收费。劳动争议仲裁委员会的经费由财政予以保障。

（四）劳动争议诉讼

1. 劳动争议诉讼的概念和特征

劳动争议诉讼，指的是劳动争议双方当事人在未能就争议事项达成一致意见，或者对仲裁机构的裁决表示不服时，将争议提交给人民法院，由法院依法审理并作出裁决的诉讼活动。劳动争议诉讼具有以下特征。

首先，劳动争议诉讼当事人的特定性是其最显著的特征。不同于一般的民事诉讼，劳动争议诉讼的当事人必须是具有劳动关系的双方当事人，即一方是用人单位，另一方是具体的劳动者。

其次，仲裁前置是劳动争议诉讼的另一重要特征。根据规定，劳动争议当事人在提起劳动争议诉讼之前，必须先经过劳动争议仲裁委员会仲裁。这是因为在劳动争议中，仲裁委员会作为专业的调解机构，能够快速、高效地解决大部分争议。只有当一方对仲裁裁决不服时，才能向法院提起诉讼。

再次，劳动争议诉讼标的的特殊性也是其重要特征之一。与一般民事诉讼不同，劳动争议诉讼解决的主要是劳动关系双方当事人之间发生的有关劳动权利和义务的争执。这些争执往往涉及工资、工时、保险、福利等劳动者的切身利益，因此极为复杂，需要法院在审理劳动争议案件时深入了解双方当事人的情况，以确保判决的准确性和公正性。

最后，由于劳动争议涉及劳动关系的特殊性和复杂性，法院在审理劳动争议案件时需要遵循一些特殊的诉讼规则。

2. 我国现行劳动争议诉讼制度的基本内容

（1）劳动争议诉讼机构

我国负责审理劳动争议案件的机构是地方各级人民法院，目前在绝大多数的法院由民事审判庭审理劳动争议案件。

（2）劳动争议诉讼程序

当事人依法提起的劳动争议诉讼案件，地方人民法院作为一审法院受理后按照民事诉讼程序审理，实行两审终审。

一审劳动争议诉讼案件的审判组织：简单的案件由一名法官独任审判；复杂的案件由三名法官组成合议庭审理。依据《中华人民共和国人民法院组织法》的规定，合议庭也可以由一名法官和二名人民陪审员组成。

二审法院审理劳动争议上诉案件，由三名法官组成合议庭审理。二审法院作出的判决为终审判决，具有法律效力和强制执行力。

（3）劳动争议案件的申诉和再审程序

当事人对二审法院作出的终审判决不服的，有权向省一级的高级人民法院和最高人民法院提出申诉，上级法院对案件进行复查和审查后，认为原终审判决正确的，驳回当事人的申诉，认定原终审判决错误或者程序违法的，依照审判监督程序提起再审。在上级法院没有作出再审裁定前，申诉并不影响终审判决的执行。

（4）劳动争议案件的执行

劳动争议案件经二审终审后，当事人应当自觉履行终审判决的内容，不能在判决规定的时间内履行义务的，对方当事人有权申请法院执行。另外，对于经劳动争议仲裁机构作出的仲裁裁决生效后，当事人不履行裁决确定的义务的，对方当事人也有权申请人民法院强制执行。

第二节 劳动监察制度

一、劳动监察概述

（一）劳动监察的概念、属性及与其他劳动法律监督形式的关系

1. 劳动监察的概念

劳动监察，从字面上理解，是对劳动活动的监察和检查。但从更深的层次来看，它是一项严肃的法律活动，由法定的专门机关代表国家进行，目的在于确保

劳动法律法规得以实施。这种监察不仅覆盖了用人单位，也包括了劳动者本身，能够确保双方在法律的框架内合理地行使自己的权利和义务。劳动监察行为的不同表现形式共同构成了劳动监察活动的外延。

2. 劳动监察的属性

劳动监察有以下几个基本属性。一是法定性。劳动监察的职能、权限和规则都是直接由法律规定的。劳动监察的主体必须严格依照法律进行监察执法活动。根据我国劳动法律规定，接受监督检查的单位包括企业、事业单位、国家机关、社会团体、民办非企业单位、城镇个体工商户等。二是行政性。劳动监察是行使行政权力的具体行政行为。三是专门性。从主体上说，劳动监察是由法定的专门机关对劳动法律的实施情况进行的监督检查，其他任何组织和个人对法律实施的监督活动，均不属于劳动监察范畴。四是强制性。劳动监察是代表政府实施的执法行为，具有国家强制力，被监察主体不得拒绝。劳动监察行为一经作出，就具有法律效力，非经法定程序，不得撤销或变更。

3. 劳动监察与其他劳动法律监督形式的关系

如前文所述，以国家的名义进行的劳动法律监督，包括立法机关、行政机关和司法机关代表国家实施的劳动法律监督。这些劳动法律监督均具有法律强制力，在法律监督体系中处于核心地位。劳动监察是由行政机关实施的法律监督活动，从监督主体、行为性质、监督方式和法律后果上看，显然不同于国家权力机关（立法机关）、司法机关的法律监督活动。

除有关国家机关代表国家实施的具有强制力的劳动法律监督之外，包括政党、社会团体、群众组织和企事业单位在内的组织，也可以对劳动法律的实施情况进行监督。这些由各类社会组织承担的劳动法律监督，是劳动监察的延伸和重要补充，对于推动劳动法律贯彻落实、维护劳动者的合法权益，具有现实意义。

根据我国的劳动法律监督体系的构成，公民也是劳动法律监督的主体之一，公民是政治权利的主体和国家的主人，因而可以成为法律监督的主体。公民进行的劳动法律监督，具有监督主体众多且分布广泛、监督范围广泛、监督主动性强、监督方式灵活多样、监督成本低、监督自下而上展开等特点，其作用不可忽视，是劳动法律监督体系的基础。劳动监察在很多时候呈现出的被动性，恰恰是公民劳动法律监督活动发挥作用的有利空间。事实上，相当多的劳动监察活动是在有关公民个人的举报投诉的促动之下开展的，这种举报投诉行为正是公民开展劳动法律监督的重要形式。从我国劳动法律监督的实际情况看，公民个人劳动法律监督的作用尚有进一步发挥的空间。这与我国建设社会主义法治国家的进程紧密相关，也与公民法律意识和素质的养成具有密不可分的关系。与社会组织的监督一样，公民劳动法律监督的局限性同样在于没有强制性。

（二）劳动监察主体、内容、程序和方式

1. 劳动监察主体及其基本职责

根据我国劳动法律的规定，县级以上各级人民政府劳动行政部门可以依法对用人单位遵守劳动法律法规的情况进行监督检查，对违反劳动法律法规的行为，有权制止，并可责令改正；可以对违法行为予以处罚。任何单位和劳动者均有权向劳动监察机构举报违反劳动法律的行为。按照相关法律规定，可以明确，县级和县级以上劳动行政主管部门的劳动监察机构具体负责监察工作，是我国劳动监察活动的主体。

作为国家劳动法律监督体系中最重要的组成部分，劳动监察必须坚持有法必依、执法必严、违法必究，必须坚持以事实为根据、以法律为准绳的原则，准确及时地纠正和查处各种违反劳动法律法规的行为。根据这些原则，我国的有关劳动法律规定了劳动监察机构的主要职权（也即劳动监察的覆盖范围）：一是宣传国家劳动方针政策和国家劳动法律，督促单位和劳动者贯彻执行；二是对用人单位和劳动者遵守劳动法律的情况进行监督检查，依法纠正和查处违反法律规定的行为；三是对劳动监察人员进行培训和监督；四是法律规定的其他监察职责。

2. 劳动监察的内容

劳动监察的内容主要包括：用人单位及有关组织对国家促进就业的法律及政策的执行情况；用人单位制定内部劳动保障规章制度的情况；用人单位与劳动者订立和履行劳动合同的情况；集体合同的订立履行情况；用人单位遵守禁止使用童工规定的情况；用人单位遵守女职工和未成年工特殊劳动保护规定的情况；用人单位遵守工作时间和休息休假规定的情况；用人单位支付劳动者工资和执行最

低工资标准的情况；用人单位参加各项社会保险和缴纳社会保险费的情况；职业介绍机构、职业技能培训机构和职业技能考核鉴定机构遵守国家有关职业介绍、职业技能培训和职业技能考核鉴定的规定的情况；法律法规规定的其他劳动监察事项。

3.劳动监察的程序

劳动监察一般按下列程序进行。

第一，登记立案。发现违反劳动保障法律行为，并经过审查由劳动监察机构确认有违法事实的，应当登记立案。

第二，调查取证。登记立案后，监察机构应当全面、客观、公正地调查，收集有关证据。承办人员完成调查取证后，应向劳动保障监察机构提交调查报告和处理意见。

第三，进行处理。根据案件的具体情况，依法作出处罚、撤销案件、补充调查、移交处理等不同形式的处理。

第四，制作处理决定书并送达。

4.劳动监察的主要方式

劳动监察是一种行政执法行为。从行政行为的对象上看，劳动监察又属于具体行政行为。从法理上讲，具体行政行为以内在属性区分，可分为：设定权利或者义务的行为，剥夺、限制权利或撤销义务的行为，变更权利或义务的行为，不行为即不作为。以表现形式为标准，行政行为则包括行政征收、行政征用、行政给付、行政奖励、行政裁决、行政处罚、行政确认、行政许可、行政强制措施和行政监督检查。

具体到我国的劳动监察，一般有以下几种具体方式：进入用人单位的劳动场所进行实地检查；就调查、检查事项询问有关人员；要求用人单位提供与调查、检查事项相关的文件资料，并作出解释和说明，必要时可以发出调查询问书；采取记录、录音、录像、照相或者复制等方式收集有关情况和资料；委托会计师事务所对用人单位支付工资、缴纳社会保险费的情况进行审计；法律法规规定可以由劳动行政部门采取的其他调查、检查措施。

二、劳动监察制度概述

（一）劳动监察制度的内涵、特征和一般构成

1. 劳动监察制度的内涵

一般意义上，制度是人们共同遵守的办事规程和行为准则，是实现某种功能和特定目标的社会组织乃至整个社会的一系列规范体系。劳动监察制度就是劳动监察活动的办事规程和行为准则，是引导和规定劳动监察活动的法律规范的总和。从制度的一般构成来看，劳动监察制度包括劳动监察的要素、劳动监察的基本原则、劳动监察的权限、劳动监察的形式、劳动监察的程序等内容。劳动监察制度是劳动法律制度的重要组成部分。作为一项劳动法律制度，劳动监察制度在劳动法律制度体系中具有重要而特殊的地位，担负着保障整个劳动法律体系全面实施的重要功能。

2. 劳动监察制度的特征

劳动监察制度具有以下法律特征：

（1）强制性

劳动监察制度是一种法律制度，其实施的目的就是强制执行劳动基准和劳动法律的其他强制性规定，保障法定劳动条件的实现。劳动监察作为一种行政行为，依靠行政强制力保障劳动基准的实现，其实施主体是行政机关。劳动监察的强制执行力来自政府的行政权力。

（2）预防性

劳动监察制度的实现，也有赖于劳动监察主体与被监察的劳资双方的互动和合作。劳动监察制度的预防职能可以弥补强制职能在劳动关系协调中的局限性。

（3）倾斜性

劳动监察对于劳动者的倾斜性保护，是劳动监察制度建立和延续的首要动因。从我国的劳动法律看，《劳动法》第一条明确规定："为了保护劳动者的合法权益……制定本法。"当然，劳动法律要保护劳动关系双方当事人的合法权益，但是在总体上看，劳动法律作为社会法的组成部分，是向劳动者方面有所倾斜的。

3.劳动监察制度的一般构成

（1）劳动监察的要素

劳动监察的要素即劳动监察的主体和客体。劳动监察主体即劳动监察的执行者，是劳动行政部门，具体说就是劳动监察机构及其劳动监察员。劳动监察的客体包括监察相对人（用人单位及劳动者）、监察的法律规定（有关劳动条件和标准的强制性规范）和监察的事项（劳动法律执行及劳动关系建立、运行的状态）。

（2）劳动监察的基本原则

劳动监察的基本原则就是劳动监察行为所依据的基本准则，是规范劳动监察行为的指导性标准，也是劳动监察公平、有序、合法、高效开展的重要保证。劳动监察应当遵守的基本原则包括实事求是原则、依法独立行使监察权原则、公开性原则、惩处和教育相结合原则等。

（3）劳动监察的权限

劳动监察的权限就是指劳动监察开展的范围和程度，一般包括检查权、调查权、建议权、处罚权等。

（4）劳动监察的形式

劳动监察的形式就是劳动监察行为的表现方式。按照不同的分类标准，劳动监察分别可划分为专门机构监察和专任人员监察、自行监察和委托监察、综合监察和专项监察、普通监察和特殊监察等。

（5）劳动监察的程序

劳动监察的一般程序前文已经述及，此处不再赘述。

（二）我国的劳动监察立法

1.我国劳动监察的法律渊源

劳动监察，作为现代社会中一种独特且重要的制度，自诞生之初便承载了保障劳动者合法权益的崇高使命。在世界的各个角落，无论是发达国家，还是发展中中国，劳动监察都发挥着不可或缺的作用。在我国，劳动监察同样展现出了蓬勃的生机和活力。自1993年劳动部发布《劳动监察规定》以来，我国的劳动监察体系便逐渐走向了制度化、规范化的道路。这一规定的出台，标志着我国劳动监察工作的正式启动，也为后续相关法律法规的制定和实施奠定了坚实的基础。随后，在1994年颁布、1995年施行的《劳动法》中，劳动监察的法律依据得到了进一步的确立和强化。在《劳动法》中，不仅明确了劳动监察的全面活动范围，还详细规定了劳动行政部门的监察职责和权力。这不仅为劳动监察工作的开展提供了明确的法律依据，也为我国劳动监察制度的完善和发展指明了方向。

2004年，国务院颁布了《劳动保障监察条例》，标志着我国在维护劳动者权益、促进劳动关系和谐稳定方面迈出了坚实的一步。《劳动保障监察条例》进一步明确了监察机构和人员的职责，规定了监察的具体程序和手段，对于维护劳动者权益、促进劳动关系和谐稳定具有十分重要的意义。2008年1月1日，《劳动合同法》正式实施，在这部法律中，专门对劳动合同的监督监察作出了明确规定，为劳动监察活动提供了明确的法律依据和操作指南。与此同时，《中华人民共和国就业促进法》和《社会保险法》等劳动法律也相继出台，它们从不同角度对劳动监察的有关方面作出了规定。可以说这些法律共同构成了我国劳动监察的法律体系，为劳动监察工作提供了全方位的法律保障。

现如今，我国主要由三类法律规范共同构成劳动监管体系，其中实体法规定劳动权利义务关系，程序法规定劳动争议处理程序，而监察法则负责对监察对象进行监督、纠举和惩戒。

2.我国劳动监察法律的主要内容

我国现有劳动法律中有关劳动监察的规定，主要包含以下几个方面的内容。

（1）适用范围

根据《劳动保障监察条例》的规定："对企业和个体工商户（以下称用人单位）进行劳动保障监察，适用本条例。同时规定：对职业介绍机构、职业技能培训机构和职业技能考核鉴定机构进行劳动保障监察，依照本条例执行。"此外，附则同时还对无营业执照或者已被依法吊销营业执照的单位的劳动保障监察实施作出了规定。结合《劳动法》《工会法》《劳动合同法》等法律中有关劳动监察的规定，可以看出，我国劳动法律所确立的劳动监察的适用范围是非常宽泛的。一方面，只要形成劳动关系（国家机关、社会团体、企事业单位等法定用人单位与劳动者之间），就应接受劳动监察；另一方面，劳动监察的范围又不限于形成劳动关系的领域。简而言之，只要适用劳动法律的领域，均同时适用劳动监察法律，需要接受劳动监察。

（2）执法主体

根据《劳动法》《劳动保障监察条例》等的规定，国务院劳动保障行政部门主管全国的劳动监察工作，是劳动监察法律实施的执法主体。《劳动保障监察条例》同时规定，县级、设区的市级人民政府劳动保障行政部门可以委托符合监察执法条件的组织实施劳动保障监察工作。这里确定的是委托关系，即受委托的劳动保障监察机构应在劳动保障行政部门委托的范围内，以劳动保障行政部门的名义实施行政处罚，并不得再委托其他组织或者个人实施行政处罚。按照这一规定，劳动监察由劳动保障行政部门和受委托的劳动保障监察组织中的具有劳动保障监察员资格的人员，实施劳动保障监察。

（3）主要制度

我国的劳动监察法律确立了几项基本制度。一是确立对用人单位实施劳动保障监察制度。《劳动保障监察条例》界定了实施劳动保障监察的范围，即用人单位执行劳动法律的情况。二是完善了劳动保障监察的程序，明确了管辖原则、查处制度、回避制度等基本内容。三是明确了对违反劳动法律行为的惩处制度。四是确立了劳动监察的举报投诉制度。任何组织或者个人发现违反劳动法律的行为，都可以向劳动行政部门举报；任何个人认为违反劳动法律的行为侵犯其合法权益的，都可以向劳动行政部门投诉。

（三）我国的劳动监察制度的实施

1. 实施情况概述

我国的劳动监察制度建立相对较晚，经历了一个逐步发展和规范化的过程。1978年改革开放以来，我国社会主义市场经济体制逐步确立和完善，此时，如何保护在日益活跃的劳动市场中的劳动者的权益，成为摆在政府面前的重要课题。1993年，为响应这一时代需求，劳动部发布了《劳动监察规定》，标志着我国劳动监察制度的初步建立。此后，为了进一步规范劳动监察制度，提高监察效能，劳动部相继制定了一系列配套法规，如《劳动监察员管理办法》《劳动监察程序规定》《劳动行政处罚若干规定》《劳动行政处罚听证程序规定》等。这些法规的出台，不仅为劳动保障监察提供了更为明确的法律依据，也为监察员队伍的建设、监察程序的规范、行政处罚的公正透明等方面提供了制度保障。

然而，当我们在审视上述的劳动保障文件时，不难发现其中存在着不少问题，那就是这些文件的法律效力层次相较于法律和行政法规来说，显然偏低。这种法律效力层次的不对等，不仅使得劳动保障监察部门在执法时显得力不从心，也导致了劳动力市场的混乱无序，难以满足经济社会的健康发展需求。正是在这样的背景下，《劳动保障监察条例》应运而生。

《劳动保障监察条例》自2004年12月1日起施行。条例以行政法规的形式比较全面地确立了我国的劳动监察制度，从立法层面对我国劳动法律的更好实施奠定了基础。条例明确规定，在用人单位制定的内部劳动保障规章制度不合理、不与劳动者订立劳动合同、使用童工、违反女职工劳动保护规定、违反规定延长工作时间、侵犯劳动者节假日休息权和休假权、拖欠劳动者工资、发放的工资低于国家规定的最低工资标准、不按规定给劳动者缴纳社会保险费等多种情形下，劳动保障监察机构应担负起保障法律执行的职责，依法保护劳动者的劳动权利。应当说，这些规定是确立劳动监察制度的必然要求，而且同时也具有很强的现实针对性，是从我国劳动法律贯彻实施的客观状况出发作出的制度设计和安排。《劳动保障监察条例》为规范劳动保障监察行为、加强劳动保障监察队伍建设、提高劳动保障监察的执法水平和执法能力提供了法律保障，也提出了更高要求。

客观地说，《劳动保障监察条例》的贯彻执行，对我国劳动监察制度的实施起到了促进作用，在扩大劳动监察工作在全社会的认知度、督促政府有关部门严格执法、发挥工青妇（工会、青年团、妇联）及新闻媒体的法律监督作用、维护广大劳动者的合法权益等方面发挥着重要作用，推动了我国劳动监察制度的健全和完善。但同时也应当承认，我国的劳动法律贯彻执行情况确实不容乐观。维护劳动者合法权益方面的一些老问题长期没有得到真正解决，新问题又层出不穷。近些年来，全国人大常委会多次对劳动法律的贯彻执行情况进行执法检查，正说明了这一点。

2. 总体评价及存在的主要问题

法律实施方面存在的问题主要体现在以下几个方面：一是劳动合同签订率低、期限短、内容不规范；二是最低工资保障制度没有得到全面执行，拖欠工资现象仍时有发生，工资正常增长机制尚未形成；三是超时加班现象比较普遍，劳动条件差；四是社会保险覆盖面窄、统筹层次低；五是劳动保障监察力度不足，劳动争议处理周期长、效率低。应该说，这些问题的存在有多方面的原因，从劳动监察制度的实施的角度看，一个重要原因就是，我国的劳动监察制度还没有能够很好地适应社会主义市场经济的发展，在维护劳动者合法权益和推动经济社会良性运转方面，尚没有能够起到充分的保障作用。劳动监察制度的良性运转，任重而道远。

2011年，全国人大常委会执法检查组关于《劳动合同法》执法检查的报告显示，《劳动合同法》的实施中主要存在四个问题。一是部分劳动密集型中小企业及非公企业劳动合同签订率仍然偏低，部分已签的劳动合同内容不规范、履行不到位，一些地方对企业用工和劳动合同签订情况了解不清的问题仍然没有很好地解决。二是劳务派遣在部分单位被滥用，损害劳务派遣人员合法权益问题比较突出。三是集体合同签订率和履约质量有待进一步提升。四是劳动保障监察执法队伍建设滞后。可见，劳动保障监察执法队伍建设滞后已成为我国劳动法制建设中一个需要高度重视和尽快解决的问题。

我国劳动监察制度实施方面存在的问题，概而言之，可以从立法和执法两个方面进行分析。

（1）立法方面

劳动监察法律属于程序行政法。多数学者主张程序行政法的功能类型应当是以效率为基础的权利保障型。因此能否处理好效率和权利保障的关系，事关劳动监察立法的成败。然而事实上，我国的劳动监察立法实践在这方面还存在一定的欠缺。比如，我国有关劳动监察的立法当中，普遍没有对劳动违法行为追罚时效的规定。少数地方立法虽然规定了追罚时效，但也存在一定的问题。一是劳动违法行为的处理需要以劳动者投诉、举报为条件。这就客观上造成了劳动关系领域违法行为特别是用人单位违法行为的肆意性。二是没有明确劳动行政处理的追究时限。用人单位发生劳动违法行为，劳动者往往在劳动关系解除或终止后才敢投诉、举报，错过了行政处理的最佳时机。三是在超过追罚时效后，劳动监察机构到底应不予受理还是不予立案，区分不甚清晰，直接影响了执法的效率。此外，对劳动违法行为的处罚力度偏轻，也是我国劳动监察立法的一个不足之处。

（2）执法方面

在现代社会，随着经济的发展和全球化的深入，劳动法律法规在保障劳动者权益、维护社会稳定方面的作用日益凸显。然而，随着企业数量的不断增加和劳动市场的日益复杂化，劳动违法案件层出不穷，但与之相对应的，是劳动监察机构人员数量的严重不足。在很多地方，劳动监察部门的人员数量远远无法满足实际需求，导致他们难以有效地开展日常执法和检查活动。即使发现了违法行为，也常常因为力量不足而难以及时查处，这使得一些企业有了可乘之机，违法成本降低，违法行为愈发猖獗。

三、我国的劳动监察法律制度评述

（一）我国劳动监察法律制度的基本构成

1993年以来，中国逐步建立了劳动监察制度。《劳动法》《行政处罚法》《劳动保障监察条例》等法律法规规定了我国劳动监察的主体和监察范围，明确了社会其他组织和个人的监督权利，基本确立了我国的劳动监察法律制度。劳动行政部门依法对用人单位遵守劳动法律法规的情况进行监督检查，对违法行为有权制止、责令改正，并可依法给予警告、罚款等行政处罚；任何组织和个人对于违反劳动法律法规的行为都有权检举和控告；当事人认为劳动行政部门在实施监察执法时侵犯了其合法权益的，可以提起行政复议或行政诉讼。

（二）我国劳动监察法律制度的局限性

目前，我国已制定了一系列涉及劳动监察内容的劳动法律法规，并出台了专门规范劳动保障监察的行政法规《劳动保障监察条例》。按照有关法律法规的要求，在各级政府的推动下，全国基本形成了从中央到省（自治区、直辖市）、市（地区)、县的四级劳动监察体系。但由于我国劳动监察法律制度建设起步较晚,确实还存在一些有待进一步完善的地方。

1. 劳动监察专门性立法层级较低

从劳动法律一般理论来看,劳动监察制度与劳动合同、集体合同、劳动报酬、劳动保护、劳动争议处理等制度一样,都是构成劳动法律体系的重要内容,相互之间应是平行关系。从功能上看,劳动监察制度是保障其他有关劳动法律制度落实的专门性制度,承担着保证和促进其他劳动法律全面贯彻执行的重要使命。劳动监察立法的成败,直接关乎其他劳动法律的贯彻落实能否有效到位。而劳动监察法律的效力,也直接关系到劳动法律制度的全面实现。从这个意义上说,相对于其他专门性劳动法律的立法实践,劳动监察法律仅以一部行政法规作出专门规范,在层级和效力上确实存在欠缺和滞后。尽管我国的其他劳动法律中,对于劳动监察制度和规范也多有涉及,但毕竟不是制度性的专门规定,在针对性和可操作性方面,难免存在不足。

2. 劳动监察专门立法定位模糊

《劳动保障监察条例》只是采用列举式的规定,划出了劳动监察所包含的对象和事项,却没有对监察事项的性质作出清晰的界定。劳动监察针对的主要是强制性规范,即劳动监察保护的是法律所规定的劳动者的权利,而仲裁和诉讼制度则解决劳动者有关"利益"的问题。

也就是说,关键问题并不在于我国的劳动监察立法把劳动监察的范围规定得过于宽泛,而是由于对监察范围的法律定位不够明晰,导致了法律规范之间以及相关职能机构之间的相互掣肘。这不仅影响了法律的严密和统一,也影响了其效力的实现。一个鲜活的例子就是,《劳动保障监察条例》与《劳动争议调解仲裁法》之间存在的不协调和不统一问题。单从法律条文上看,劳动关系领域里的很多问题,既适用《劳动保障监察条例》,又适用《劳动争议调解仲裁法》,这就必然导致劳动者选择解决问题的路径时的不确定性甚至盲目性,也造成了相关资源的浪费。

因此,不管是从国家相关的实践来看,还是从我国劳动监察的困境方面进行分析,重新定位我国的劳动监察制度是十分必要的。

3. 属地化管理的劳动监察体制影响实效

法律虽然明确规定国务院劳动行政部门是劳动监察的全国性主管部门,但由于我国的行政体制和政府机构设置的原因,劳动监察机构的人、财、物主要由各级地方政府掌控,这种高度属地化的劳动监察机构管理模式,对于劳动监察制度的运行和监察机构作用的发挥,有诸多不利影响。

第一,不同地区之间劳动监察水平差异很大,影响劳动监察的权威性。在我国地域经济发展水平严重不平衡的大背景下,劳动监察的地区差异表现也十分明显。这些差异体现在执法手段和条件、经费和人员保障、相关硬件和软件的配备等诸多方面。除此之外,由于经济发展所处阶段和水平不同,劳动监察所面临的实际环境也有很多差别,这对于劳动监察机构和人员能力的养成,以及素质的提高具有一定的影响。这些客观差异的存在,势必会导致地区之间的劳动监察水平产生较大差距。

第三,不同地区之间的执法尺度不尽一致,影响劳动监察制度的统一性。从法的实施角度看,同案同判是一个基本原则。相同或者相似的案例,应该有相同或者相似的法律后果。就劳动监察而言,地区之间的执法尺度应大致相当,否则就会损害劳动法律的严肃性,在劳动力流动高度频繁的背景下,执法尺度的不一致会给劳动者对法律制度的信仰造成很大的不利影响。

(三)完善我国劳动监察法律制度的设想和建议

劳动监察作为一项劳动行政法律制度,在劳动法律体系中具有特殊的地位,担负着保障劳动法律体系全面实施的重要使命。科学合理而又适应实际需求的劳动监察法律制度,对于实现劳动关系领域劳、资、政等各方主体利益共赢,具有十分重要的意义。因此,需要完善我国的劳动监察法律制度,从而充分发挥其价值功能。

1. 进一步完善劳动监察立法

第一,要提升劳动监察立法的层级,适时将劳动监察制度上升到法律层面,这样才能更加有效地保障其实施。我国劳动监察法律制度的建立和完善,需要经历一个渐进的过程,但如何使我们的劳动法律体系更加完善,如何使我们的劳动法律实施得更加充分，如何使我们通过立法确立的劳动基准和相关劳动条件在行政强制力保障的条件下得以全面落实，都是劳动监察法律制度健全完善和其有效性充分发挥所必须解决的问题。劳动监察法是为了运用强制性的行政手段保障劳动基准法的实施而制定的劳动行政法，合理提升它的效力层级和权威性，是实现其价值功能的重要渠道。我国的《劳动保障监察条例》于2004年制定并实施，取得一定成效的同时，也积累了一定经验，当然同时也暴露了很多问题。好在近年来，为推动社会主义市场经济的深入发展，我国劳动立法加快了推进的步伐，取得了令人瞩目的丰硕成果，劳动法律体系逐步健全完善。在这样的背景之下，积极研究我国劳动监察制度如何完善，积极推动劳动监察制度立法进程进一步加快，无疑具有十分重要的现实意义。

与此同时，地方劳动监察立法也要在遵循统一原则的基础上，加快完善进程，从而形成上下协调、合理有效的劳动监察法律制度。

第二，要加大法律责任，适当提高劳动法律的违法成本。在探讨如何有效规范用人单位行为、保障劳动者权益的问题时，我们不能仅将目光停留在违法行为的直接成本上，而是应该进一步深入探究，从违法行为的间接成本入手，构建更为全面、有效的劳动监察机制。要知道，明确违法行为的直接成本固然重要，但这些成本往往是事后惩戒性的，难以起到事前预防的作用。而且，一旦违法行为发生，即使再严厉的处罚也难以挽回已经造成的损失。因此，需要通过提高违法行为的间接成本，使用人单位更加审慎地考虑其行为的合法性和道德性。间接成本包括但不限于声誉损失、品牌损害、社会信任度下降等方面。在现代社会，企业的声誉和品牌是其最重要的无形资产之一，一旦企业被曝出违法行为，不仅会受到法律的严惩，更会受到社会各界的广泛谴责和抵制。这种声誉损失和品牌损害对于企业来说是无法估量的，将直接影响其市场竞争力和长期发展。因此，通过提高违法行为的间接成本，可以迫使用人单位在作出相关选择时更加谨慎，从而有效遏制违法行为的发生。同时，提高违法行为的间接成本还有助于促进劳动监察工作的开展，提高劳动监察的效率和准确性。

第三，要从立法上厘清劳动监察与劳动争议处理的关系。从理论上说，劳动监察与劳动争议处理是两项不同的法律制度。劳动法属于社会法，兼具公法和私法的特点。劳动监察制度的建立基于劳动法的公法特征，劳动争议处理制度则是由劳动法的私法性质所决定的。劳动监察部门的权力来源于国家公权力，这种权力具有强制性和权威性，相比之下，劳动争议处理则主要关注劳动关系双方的"利益"纠纷，在解决过程中，劳动争议处理机构会依据相关法律法规和劳动合同约定，对双方的权益进行平衡和协调，以达到化解矛盾、维护劳动关系和谐的目的。然而，值得注意的是，劳动争议并不能处理所有与劳动关系相关的问题，当超出劳动争议处理范围时，其就显得无能为力了，此时，就需要劳动监察部门的介入。当然，现实中这两种情况有时是交织在一起的，很难区分。尽管如此，区分两种制度的重要性仍是不言而喻的。《劳动争议调解仲裁法》第九条规定：用人单位违反国家规定，拖欠或者未足额支付劳动报酬，或者拖欠工伤医疗费、经济补偿或者赔偿金的，劳动者可以向劳动行政部门投诉，劳动行政部门应当依法处理。这一规定的立法目的就是通过引导劳动者直接向劳动行政部门进行投诉，使违法行为在行政强制力的干预下得以纠正，一方面降低劳动者的维权成本，另一方面也是意在厘清劳动监察和劳动争议处理两种制度的界限。《劳动保障监察条例》第二十一条规定：用人单位违反劳动保障法律、法规或者规章，对劳动者造成损害的，依法承担赔偿责任。劳动者与用人单位就赔偿发生争议的，依照国家有关劳动争议处理的规定处理。从某种意义上说，这也是区分劳动监察和劳动争议处理的具体做法。

2. 进一步规范劳动监察执法

（1）强化劳动监察执法权力

当前，由于现行法律对于劳动监察机构所能采取的行政强制措施限制较多，这使得劳动监察机构在面对一些严重的劳动违法行为时，往往无法及时有效地采取行动，导致违法行为得不到及时的纠正和处罚。这不仅损害了劳动者的合法权益，也影响了社会的公平和正义。

为了解决这一问题，应进一步强化劳动监察的执法权力。第一，完善劳动监察的法律法规体系。通过制定更加具体、明确的法律法规，赋予劳动监察机构更多的实施行政强制措施的权力，使其在面对劳动违法行为时能够迅速、有效地采取行动。同时，也要明确劳动监察机构的职责和权限，确保其在执法过程中不越权、不失职。第二，综合运用多种惩治方式。对于劳动违法行为，不能仅仅依靠单一的行政强制措施来解决问题。而是要综合运用民事、行政、刑事等多种惩治方式，形成对劳动违法行为的全面打击。比如，对于轻微的违法行为，可以通过责令改正、给予警告等方式进行处罚；对于严重的违法行为，则可以依法追究刑事责任。第三，加大对劳动违法案件的处置力度。对于发现的劳动违法案件，劳动监察机构要及时进行调查取证，并根据案件的性质和情节依法作出相应的处罚。同时，也要加强对劳动违法行为的监督和检查力度，确保违法行为得到及时纠正和处罚。

（2）提高劳动监察主体的自觉性和主动性

《劳动保障监察条例》赋予了劳动行政部门对于劳动法律的实施进行监督检查和行政处理、处罚的权力。但用人单位不与劳动者签订劳动合同、不依法向劳动者支付劳动报酬、不给劳动者缴纳社会保险、不给劳动者提供相应的劳动保护条件等违法现象依然存在。这就要求我们重新审视和定位劳动监察工作，特别是要进一步加强对劳动监察主体的培训，强化其自觉性和主动性，从而推动劳动监察走向正规化和法治化。

（3）建设高水平的劳动监察队伍

现如今，要确保劳动监察工作的高效执行，就必须建设一支高水平的劳动监察队伍。对此，可以从以下几方面入手。

首先，建立严格的劳动监察员准入制度。对于劳动监察员的选拔，应采取全面的、综合性的评价体系，将专业背景、学历层次、工作经历及个人能力等因素纳入考量范围。通过设立合理的门槛，确保进入劳动监察队伍的人员具备扎实的专业基础和良好的综合素质。这样的准入制度不仅有助于提升整个队伍的专业水平，还能提升队伍的监察水平。

其次，适当增加劳动监察机构的人员编制也是必要的。随着经济的发展和劳动市场的扩大，劳动监察工作的任务日益繁重，对人员数量的需求也在不断增加。不过，单纯的人员数量增加并不能从根本上解决问题。在增加人员的同时，应注重引进专业人才，优化队伍结构，可以通过引进具备法律、经济、管理等多学科背景的专业人才，优化队伍的知识结构，提高队伍的整体素质。

再次，大力加强对现有劳动监察队伍的培训。对于劳动监察队伍来说，培训不仅要注重专业知识的更新和补充，还要注重实践能力的提升，只有这样，才能帮助监察员掌握最新的法律法规和政策要求，熟悉各类劳动监察工作的流程和要点，进而提高监察员的综合素质和业务能力。

最后，建立规范的奖惩和晋升淘汰机制。通过建立合理的考核机制，对监察员的工作绩效进行客观评价，并根据评价结果给予相应的奖惩。对于表现优秀的监察员，应给予晋升和奖励的机会，以激发其工作热情和创造力。同时，对于工作表现不佳、不适应工作的监察员，应建立淘汰机制，及时进行调整和补充。这样的机制有助于保持队伍的活力和竞争力，促进队伍的健康发展。

3. 建立劳动监察与司法衔接机制

劳动监察机构作为劳动保障的守护者，拥有法律赋予的主动调查处理权，这意味着当劳动监察机构发现或接到举报涉及违反劳动法律法规的行为时，可以主动介入调查，并依据法律规定采取相应的处理措施。然而，劳动监察机构仅仅拥有主动调查处理权是远远不够的。在实际工作中，劳动监察机构常常会遇到各种困难和挑战，如调查取证难、处理难度大等，此时，就需要借助司法的力量来确保监察执法活动的顺利开展。

第一，行政处理与行政诉讼、民事诉讼有机衔接，灵活运用行政附带民事诉讼制度。《最高人民法院关于执行〈中华人民共和国行政诉讼法〉若干问题的解释》第六十一条规定：被告对平等主体之间民事争议所做的裁决违法，民事争议当事人要求人民法院一并解决相关民事争议的，人民法院可以一并审理。然而按照我国法律的规定，劳动争议仲裁是劳动争议诉讼的前置程序，即便在行政诉讼中，劳动者或用人单位要求人民法院一并解决民事争议，人民法院也不应受理。因此，为切实保护劳动者的合法权益，可以借鉴争议处理的衔接机制，通过行政附带民事诉讼制度，建立行政处理与行政诉讼、民事诉讼无缝衔接机制，建立劳动者权利救济直通车。建议明确当劳动行政部门对工资案件、工伤案件作出的行政处理决定被法院撤销，民事争议当事人要求人民法院一并解决相关民事争议的，人民法院可以一并审理。

第二，司法提前介入，支持劳动行政部门申请财产保全。劳动行政执法过程中，能够通过正常渠道申请法院财产保全的情况并不多。以濒临破产企业职工工资支付案件为例，实践中，即将破产的用人单位通常同时还有拖欠租金、货款等其他债务的情况。一旦发生到期债务无法偿还的情况，为了保障自己的利益，债务人可能会向法院申请采取财产保全措施，即以冻结或查封欠债人的财产，确保其权益不受侵害。在这种情况下，如果欠薪案件不能尽快采取财产保全措施，那么欠薪者的财产可能会被其他债权人先行查封或冻结，导致劳动者的薪资无法得到优先支付。这不仅严重侵害了劳动者的合法权益，也破坏了社会的公平正义。因此，根据《最高人民法院关于执行〈中华人民共和国行政诉讼法〉若干问题的解释》第九十二条关于执行前财产保全的规定，通过司法介入，支持劳动保障部门申请财产保全以保障劳动监察执行权顺利实现，是维护劳动者依法获取劳动报酬权益的重要途径。

第三，建立多元劳动保障调处机制。与劳动仲裁、调解、诉讼等处理劳动关系纠纷的途径比较起来，劳动监察无论从成本效益还是社会效果上来看都有一定的优越性。而将多种机制相结合，发挥司法的居中裁判作用与行政机关的强制作用，构建诉调对接工作机制，同时注重劳资双方平等协商对话平台的搭建，形成内外结合的、促进劳动关系和谐的、强有力的机制，对于强化劳动监察制度本身的实际效果、有效化解劳资纠纷、维护劳动者合法权益及劳动关系的和谐稳定，具有重要的意义。

参考文献

[1] 韩桂君，彭博. 劳动者权利及其保护 [M].2 版. 北京：北京大学出版社，2017.

[2] 叶攀. 完美的劳动关系 [M]. 昆明：云南大学出版社，2021.

[3] 孟咸美，孟昕，夏圣坤. 劳动者权益保护研究 [M]. 北京：经济日报出版社，2017.

[4] 尹学林. 劳动者职场维权全指引 [M]. 北京：中国法制出版社，2019.

[5] 刘继臣. 我国劳动关系的法律调整 [M]. 北京：中国工人出版社，2013.

[6] 姚会平. 劳动者权益保护法律实务 [M]. 成都：西南财经大学出版社，2010.

[7] 王硕. 劳动合同：原理与案例 [M]. 天津：天津社会科学院出版社，2020.

[8] 冯浩. 劳动合同法重点讲义 [M]. 北京：中国法制出版社，2018.

[9] 闫冬. 劳动法的时代序章 [M]. 北京：中国法制出版社，2020.

[10] 王堃，舒淘淘. 信息技术时代我国劳动者权利保护的挑战及应对 [J]. 决策与信息，2023（1）：54-63.

[11] 汪新蓉. 劳资关系中的劳动者权利保护路径研究：以利益组织化为分析视角 [J]. 社会主义研究，2015（2）：77-84.

[12] 师军惠. 疏通保护劳动者权利的路径 [J]. 华北国土资源，2017（6）：94-95；124.

[13] 丁展. 论试用期内劳动者权益的法律保护 [J]. 现代商业，2020（1）：74-76.

[14] 丁晓东. 劳动者个人信息法律保护面临的挑战及其应对 [J]. 中国人民大学学报，2022，36（3）：161-175.

[15] 阿梅娜·阿布力米提，赵艺鹏. 数字经济下劳动者个人信息保护的困境与法律对策 [J]. 商业经济，2023（8）：25-27；187.

[16] 李嘉敏. 网络信息技术监控与劳动者隐私权的法律保护 [J]. 齐齐哈尔师范高等专科学校学报, 2022 (6): 53-56.

[17] 朱晓峰. 数字时代劳动者权利保护论 [J]. 浙江大学学报 (人文社会科学版), 2020, 50 (1): 37-55.

[18] 陆传英. 我国劳动保障监察体制改革发展与未来展望 [J]. 中国人事科学, 2024 (3): 82-91.

[19] 吴新明. 劳动合同经济补偿金制度司法实践效益与完善路径思考 [J]. 法制博览, 2024 (16): 106-108.

[20] 陈帅羿. 零工经济时代下劳动者权利保护的制度转型 [D]. 上海: 华东政法大学, 2022.

[21] 龙小英. 人工智能背景下我国劳动者权利保护法律制度研究 [D]. 合肥: 合肥工业大学, 2021.

[22] 裴斌侠. 劳动法上劳动者权利的性质及体系研究 [D]. 南京: 南京师范大学, 2017.

[23] 沈阳. 论试用期内劳动者权益的保障 [D]. 南京: 南京师范大学, 2014.

[24] 白文泽. 劳动合同承继中的劳动者权利及其实现方式研究 [D]. 重庆: 西南政法大学, 2019.

[25] 茆寒雨. 平台经济下劳动者休息权的法律保障研究 [D]. 南京: 南京信息工程大学, 2023.

[26] 张桂丹. 大数据时代背景下劳动者隐私权的法律保护研究 [D]. 扬州: 扬州大学, 2021.

[27] 周子凡. 劳动权的法律保障研究 [D]. 武汉: 华中师范大学, 2013.

[28] 徐晓莹. 新业态从业者劳动权益保障问题研究 [D]. 广州: 广州大学, 2022.

[29] 付维. 劳动合同中经济补偿金法律适用问题研究 [D]. 南昌: 南昌大学, 2022.